JN077475

子どもの心の受け止め方

発達につまずきのある子を伸ばすヒント

川上康則

光村図書

CONTENTS

先生方に自信と勇気を

　本書を手に取ってくださったあなた。あなたのクラスは今、落ち着いた雰囲気に包まれていますか？　それとも、チャイムがなっても席に着かない、ノートを取らない、離席・私語・奇声・教師への反抗や暴言などが常態化するクラスですか？

　あなたのクラスが仮に落ち着いていたとしても、学校全体を見渡すと、授業が成立しないクラスや休み時間にトラブルが頻繁に起こっているクラスが存在します。来年度は「担任をお願いね」と言われるかもしれません。そんな"いつ割れるかもしれない風船"を抱えているような、張りつめた雰囲気の学校がここ数年で一気に増えてきたように思います。

　山積する課題の一つとして、特別支援教育が挙げられます。発達につまずきのある子どもへの対応はどの学校においても急務とされています。職員室でも「今日のあの子はこうだった」という報告や「この子にはどう関わればよいか」といった悩みの相談が日々繰り返されていることでしょう。

　以前までは、先輩教師が「こうするといいよ」と具体的な手法を教えてくれたり、「焦らなくていいんだよ」と若手教師の気持ちを受けとめてくれたりしていたかもしれません。ところが、過去の経験則だけではうまくいかない現状が目の前に広がりつつあります。

　また、職員室内の年齢構成も変化し、若手世代が学校の中核を担わざるをえないという時代になってきています。こうした現状が、特別支援教育についての正しい理解や適切な関わりについての情報の蓄積をいっそう難しくしているのかもしれません。

　そんな折、教科書を編集・出版されている光村図書から「ウェブサイトで、新任・若手の先生向けに通常学級での特別支援教育についての情報を定期的に発信したいのだけれど、協力してもらえないか」という依頼がありました。それからほどなく、「みつむらweb magazine」という同社のウェブサイトで、毎月一つずつテーマを取り上げる連載がはじまりました。本

書は、第1回から第40回までの連載記事をあらためて五つの章立てに再構成したものです。

　第1章と第2章では、発達につまずきがある子どもへの上手な関わり方や効果的な伸ばし方を整理しました。通常学級の特別支援教育は、個別的な支援よりもむしろ集団の中でいかに個を育てていくかが問われます。そこで個別支援を中心にした内容にとどめず、授業づくりや学級経営に踏み込んだ具体的な内容も充実させるようにしました。

　第3章では、子どもたちの心に届くほめ方・叱り方・認め方をまとめました。ほめる、叱る、認める、励ますなど、日々繰り返される教育的なアプローチを基礎・基本から応用まで見つめ直す章になっています。長い指導歴のあるベテラン世代の先生にとっても、振り返りのきっかけとなるのではないでしょうか。

　第4章と第5章では、子ども理解をさらに深めていくための視点や、教育の本質としての「教師のあり方」についてのテーマを集めました。学校現場では、前年度までなかなか教室に入れなかった子が、4月に担任が交代するとすっと教室に溶け込めていたり、問題となる行動が減っていったりするということがよく起きます。このことは、「どうすればよいか」という方法論以前に、その教師が吹かせる「風」（たたずまいや立ち居振る舞い）や、知らず知らずのうちに子どもを追い詰めている「圧」を見つめ直すことの重要性を物語っています。そうした教師のあり方を築き上げるために役立つ内容になっています。

　40のテーマは、それぞれが完結する構成になっていますので、知りたい内容から読み進めていただくことができます。また、重要箇所にマーカーを加えたり、テーマの要点を「POINT」に記したりしていますので、本を読む時間がなかなかとれない方にとっても負担が少ない形になっています。

　本書が、目の前の子どもたちへの関わりに役立てられ、読者の皆さんの自信と勇気につながることを願ってやみません。

川上康則

第 **1** 章

こうすれば
うまくいく

発達につまずきがある子との
シンプルな関わり方

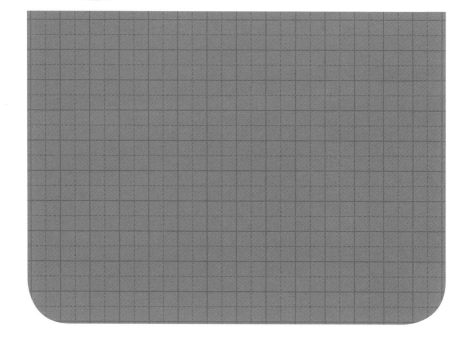

① 話を聞けない、指示が入らない子

　学校現場では今、さまざまな課題が起きています。その一つが「授業が成り立たない」ということ。相談をうかがっていると、以下のような相談をいただくことがあります。

　「一斉指導の際に話を聞かない子が多くいる。どのようにすれば、話を集中して聞けるようになるのか、アドバイスをいただきたい」
　「話を聞かない子が、意欲的に話を聞くことができるようになる声かけやこつがあれば教えてほしい」

　どちらもきっと、切実な悩みなのだろうと思います。そこでまずは、話を聞けない、指示が入らないといわれる子どものつまずきの背景と指導について考えてみます。
　授業で先生の指示を聞くためには、その指示に意識を向けているかどうかがポイントになります。意識を向けることを、「注意（attention）」とよびます。注意は、脳の働きの一つです。

　注意は、さまざまな刺激や情報の中で、必要な情報を選択的につかみ取るときに働きます。そのため、よく「アンテナ」にたとえられます。このアンテナの感度には個人差があり、「強度（強さ）」と「選択性（情報の選び方）」が関係しています。「強度（強さ）」が弱いと、意識レベルが低い状態が続き、ボンヤリする場面が多くなります。「選択性（情報の選び方）」につまずきがあると、情報の取捨選択が難しく、授業内の他の刺激に振り回されるという姿がよく見られます。ここまでを整理すると、以下のような式で「注意」の機能を理解することができます。

注意のアンテナの感度＝「強度（強さ）」×「選択性（情報の選び方）」

　ここからは、注意機能のつまずきが授業参加にどのように影響するかを具体的に整理していきます。

▶ 「注意の持続」のつまずきへの配慮

一つの物事に長時間取り組むためには、「注意の持続」が必要になります。「注意の持続」につまずきがあると、一斉指示や説明の聞き逃しや聞き間違いが多く、また作業をすぐに投げ出してしまう姿も見られます。手遊びが多い、姿勢が崩れやすいなどの姿も見られます。

指導の工夫

1. 指示や説明を短くして、子どもが考える・動く活動に早く切り替えます。
2. 文字など視覚情報を併用して、指示内容をわかりやすく伝えます。
3. 一度注目を促してから、端的に話します。

▶ 「注意の選択」のつまずきへの配慮

無関係な刺激に振り回されず、特定の情報に意識を向けることを「注意の選択（選択的注意）」といいます。「注意の選択」につまずきがあると、授業中に、ざわつきの中で教師の指示だけを聞き取れなかったり、黒板の文字をノートに書き写すのに時間がかかったりします。

指導の工夫

1. 意欲や態度の問題といった決めつけは避けるようにします。
2. 指示の後で「ここまでで大切なことを隣の人と確認してね！」などのように、記憶した内容を直後にアウトプットさせるペアトークを取り入れます。

▶ 「注意の分散」のつまずきへの配慮

一度に複数の情報に注意を向け、同時的に処理するためには、「注意の分散」が必要になります。「注意の分散」につまずきがあると、他者の意見を聞きながら大切なキーワードをメモしたり、黒板の文字を書き写しながら自分の考えをまとめたりするといった同時的な処理が難しくなります。

指導の工夫

1. 授業内容を焦点化して、子どもの気持ちが途切れないようにします。
2. いつまでに何をどの程度学ぶのか、ゴール（到達目標）を明確にします。
3. 「何ページの何行目」などの指示の際には、指定箇所を指で押さえさせて、運動・動作面で複数・同時的な処理の一つを補わせます。
4. 「わかった人はグー、まだピンと来ない人はパーを挙げましょう」などの発問で全員が参加できる場面を作り、参加感を高めます。

4 「注意の転換」のつまずきへの配慮

　今している行動から別の行動へと切り替えをスムーズに行ったり、また元の行動に戻ってきたりできるためには「注意の転換」が必要となります。「注意の転換」につまずきがあると、いつまでも自分のペースに固執する、集団のペースになかなか折り合いがつけられないといった姿が見られます。

指導の工夫

1 「ギャラリーウォーク」(クラスメイトのノートを参考にするために、静かに教室を回る時間) のような「認められた離席」の場面を作ります。

2 子どもはすぐには変わりません。長期的な対応を覚悟し、少しでも折り合いをつけてくれるような「変化の芽」を見過ごさないようにします。

　ここまで、注意という機能のつまずきと指導の工夫について述べてきました。しかし、もっと重要なことがあります。苦言を呈するようで申し訳ないのですが、もし、立場を替えて、お笑い芸人さんがこんなことを言っていたら、どう思いますか？

　「舞台で一生懸命笑わせようとしているのに笑わない観客が多い。どのようにすれば笑ってもらえるのか、アドバイスをいただきたい」
　「ノリの悪い観客が、意欲的に場に溶け込むことができるような声かけやこつがあれば教えてほしい」

　きっと多くの方が「もっとおもしろい話をすればいい」とか「芸を磨け」と答えると思います。授業も同じです。話を聞かない子を変えようとするよりも、授業を魅力的でおもしろいものにすること。そして、「この先生の授業は聞く価値がある」と子どもたちが信頼を寄せてくれることのほうが先だと思います。

POINT

「話を聞かない、指示が入らない」子には、実は「話を聞けない」という事情がある。

脳の働きの一つである「注意 (attention)」のつまずきの背景を理解し、指導の工夫を加えるとよい。

子どもを変えようとするよりも、授業をおもしろくすることや、子どもたちから「この先生の授業は聞く価値がある」と認めてもらえることのほうが先。

② 切り替えが難しい子

　授業の中で、チーム対抗のゲームやリレーなどを行うことがあると思います。みんなで楽しく、和気あいあいと進められるとよいのですが、なかには、勝ち負けに固執したり、一番であることに強くこだわったりする子がいます。この節で取り上げるのは、勝ち負けにこだわりがあり、時に、失敗や結果を長く引きずってしまうような子への指導や支援についてです。

　失敗や結果をずっと引きずる子には、二つのタイプがあります。

１．対戦相手や結果を出せなかったチームメイトを責め続けるタイプ
２．自分のせいで負けてしまったなどと自分を責め続けるタイプ

　まずは、それぞれのつまずきの背景を明らかにしたうえで、共通する事項を指導のヒントとして考えていくことにします。

🚩 他者をずっと責め続けるタイプ

　このタイプの子は、勝負そのものに強いこだわりがあり、かつ自分のことを客観的に振り返ることが苦手です。相手に対して攻撃的になる姿は、通常は成長にともなってしだいに目立ちにくくなるものですが、それでもなかには、こだわりが強く残る場合があります。

11

このような場面を見たときに、「負けたからってイライラするな」という指導をしてしまうと、「先生は、自分の気持ちをわかってくれない」という気持ちを抱かせてしまうかもしれません。なぜなら、勝つことに対してこだわる気持ちは、学習課題に真剣に取り組んだからこそ生まれるからです。

「勝ちたい」と思うこと自体は、決して悪い感情ではありません。問題となるのは、学級や社会で許容される行動ではない形で気持ちが表出してしまうことです。気持ちは受け止めつつ、行動は好ましいものではないというスタンスで指導することが大切です。

▶2 自分をずっと責め続けるタイプ

このタイプは、運動・スポーツや友達との遊び場面を通して得られるはずの「自己肯定感」が育っていない子が多いように感じます。もともと自尊感情が低く、「どうせ自分なんて……」「何をやってもダメだし……」という気持ちが強いということも影響します。日常の授業の中で、成長体験や達成感を得られているかどうか、見つめ直してみましょう。

▶3 両タイプの共通点とは？

実は、二つのタイプには共通点があります。それは「記憶のよさ」です。記憶力は、時にマイナスに作用する場合があり、ネガティブな記憶が残るとなかなか忘れられないところがあります。それゆえに、いつまでもこだわってしまったり、気持ちの切り替えが難しかったりといった状態が続きます。

　結果を大切にすること自体は悪いことではありませんが、結果のマイナス面に固執しすぎることはあまり好ましいとはいえません。むしろ、次に向かうエネルギーとして、結果を活用することが大切になります。

　「次に向かうエネルギーとして結果を活用する」ためには、「勝ったときの上手な喜び方」や「負けたときの上手な悔しがり方」を丁寧に教え、ゲーム等を始める前に全員で練習（リハーサル）するという方法がよいと思います。

（指導1）　勝ったときの上手な喜び方を教える

① 「やったー」「よし！」「勝ったぞ」など声に出せるのは1回だけ。

② その場だけで喜びに浸り、授業後はそれにこだわらないようにする。

③ 相手の健闘をたたえ、相手がいたからこそ勝負ができたことを感謝する。

（指導2）　負けたときの上手な悔しがり方を教える

① 「悔しい！」と叫びながら、一回だけ地面を踏みつけるまではOK。これを事前に練習する。

② 「次こそは」「今度こそは」など、自分（たち）を奮い立たせる言葉を使う。

③ 振り返るときは、「アイツのせいで……」と人のせいにするのではなく、「自分が○○していれば勝てたかも」という言葉を使う。

④ 「しかたない」「こんな日もある」「まあ、いいか」「きっと相手のほうが練習したはずだ」などの"切り替え言葉"を使う。

　このようなコミュニケーションのこつを伝える指導は、日々意識しておかなければ、何気ないやり取りの中で流れてしまうところがあります。授業内で指導する場合には、事前にどの場面で関わらせるかを計画し、指導案に明記し、ポイントを絞って学習させることが大切です。

POINT

勝ち負けにこだわる気持ちは、学習課題に真剣に取り組んだからこそ生まれる。「勝ちたい」という気持ちを抱くこと自体は悪いことではない。

「負けたことくらいでイライラするな」という指導では、子どもの気持ちに寄り添えていない。気持ちに理解を示しつつ、表出している行動は許されることではないというスタンスを大切にする。

勝ったときの上手な喜び方や、負けたときの上手な悔しがり方について、計画的に指導していく必要がある。

③ 落ち着きがない子

　この節では、落ち着きがない子の理解と支援について考えます。ただ、「落ち着きがない」といわれる姿はひと言では言い表せないほどさまざまな様子を見せます。また、「落ち着きがない子」と聞くと、受け手によって異なるイメージをもたれることもあります。そこで、「落ち着きのなさ」を具体的に三つの角度から整理してみます。

Ⓐ 気が散りやすく、集中が長く続かない。
Ⓑ じっとしていられない。体のどこかが絶えず動いてしまう。おしゃべりが止まらないことも。
Ⓒ 自分を抑えられず、突発的に行動してしまう。

　専門的な言葉では、Ⓐは「不注意」、Ⓑは「多動」、Ⓒは「衝動」とよばれる状態です。子どもによってはこのうちの一つだけでなく、複数の姿を見せることもあります。

　よく「どうすれば落ち着いた子になりますか？」と尋ねられるのですが、すぐに効く特効薬的な手立てはありません。まず、子どもを理解することが大切です。そのためには、つまずきの背景を知ることです。

🚩 落ち着きのなさの背後には
　落ち着きがない様子には、以下の三つのような背景要因があるといわれています。

❶ セルフコントロールのつまずき
　セルフコントロールとは、自分を律することです。落ち着きがない子の多くが、自分への語りかけ（内言語）が乏しかったり、メタ認知（他者目線で自分を見ること）が難しかったりするために、セルフコントロールの難しさが表面化してしまいます。結果的に、注意力はあっても持続しにくかったり、相手と歩調を合わせて行動することや集団のルールに折り合いをつけることが難しかったりします。

❷ 報酬系のつまずき

　人の脳内には、「報酬系」とよばれる神経回路があります。これは、欲求が満たされたときや、満たされる（手に入る）とわかったときに活性化し、快の感覚をもたらすもので、心の動きや行動の動機づけの基本となります。「ドーパミン」という快楽の追求ややる気を起こさせる神経伝達物質の放出に大きな役割を果たしているのですが、落ち着きのなさを見せる子の多くは、この回路につまずきがあると考えられています。そのため、諦めるのが早く、粘り強く取り組んでみようとする気持ちが弱かったりします。一方で、新しい刺激にすぐに飛びついたり、楽なことに流されやすかったりする姿も見られます。

❸ 手順や段取りのつまずき

　やることはわかっていても、どこから始めるのかがわからないため、活動の導入でつまずく子も多くいます。例えば、スムーズに始められなかったり、別のことに気持ちを奪われてしまって、気持ちを切り替えられなかったりします。また、まるでいいことを思い出してしまったかのように、突発的に別の方向に動いてしまうことがあります。

　落ち着きがないように見える行動の背景にはこれらのつまずきが潜在していることを知っておけば、指導は変わると思います。少なくとも「どうしてそんなことするの」と詰問することは無意味だとわかりますし、「いったい何度言ったらわかるの！」とか「いいかげんにしなさい！」という抽象的な言い方で叱ることは、全く効果がないと気づくこともできるはずです。

　落ち着きのない子たちの心の声に耳を傾けてみましょう。きっとこんな本音を抱いているはずです。

「わかってはいるのだけれど、つい体が反応してしまう」
「どうして自分ばかり叱られてしまうんだろう」
「どうせ、自分はダメなできそこないだ」

15

❷ どのように指導・支援していくか

背景と本音が理解できたところで、指導・支援の具体策を整理します。

❶ 落ち着いて過ごせている場面にこそ目を向けてみましょう。

　落ち着きがない場面は目立ちますが、それだけを取り上げても行動は変わりません。むしろ、落ち着いている場面にこそ着目し、どのような条件がそろうと落ち着いて行動できるのかを丁寧に観察するようにします。そこから、その子が落ち着くために必要な条件がヒントとして見えてきます。

❷ 保護者の不安を和らげ、信頼される関係を築きましょう。

　保護者が不安を感じたままだと、それが子どもにも伝わります。「学校で〇〇なことを起こしました。家でよく言い聞かせてください」といった電話は、無意識のうちに保護者を追い詰めてしまっていることがあります。相手にけがをさせたなど、事実は伝える必要がありますが、それをその家庭の育て方のせいにしてはいけません。

❸ 子どもの気持ちと行動を分けて考え、気持ちに寄り添いつつ、行動のブレーキを育てましょう。

　「気持ちは理解できるよ。でも、この行動は許されないんだ」とか「つい、いいこと考えた！っていう気持ちになるんだよね。それはわかる。ただ、この行動ではその気持ちは伝わらないよ」というような言い方で、気持ちに共感しつつ関わるよう心がけましょう。子どもが「自分を変えたい」と思うときの最も重要なファクターは「先生への憧れ」です。

> **POINT**
>
> 「落ち着きがない」といわれる子どもの状態を、三つの切り口から整理すると理解しやすくなる。
>
> 「どうすれば落ち着くのか」と子どもを変えようとするよりも、まずは、つまずきの背景を捉える。
>
> 子どもの気持ちと行動を分けて考え、気持ちに寄り添うことで、行動のブレーキを育てる。

④ 授業の規律や学級の秩序を乱す子

　授業の規律や学級の秩序を乱す子どもがいます。例えば、授業と無関係の私語を続ける、口笛や鼻歌が頻繁に見られる、授業中に離席する、教室から出ていく、突っ伏して声をかけても起きない、友達との協働場面を放棄する、教師の失敗を目ざとく見つけて騒ぐ……などの行動がそれに当たります。こうした姿は、従来、授業妨害や怠学と捉えられてきました。

　しかし、通常学級に「特別支援教育の視点」がもたらされ、子ども理解の幅が広がってきています。これまでは、大人側が気づけていなかっただけで、本当は何らかの「つまずき」があったのかもしれない、そう考える学校現場が増えてきています。

▶ 「学ぼうとしない」を丁寧に解きほぐす

　授業をかき乱すような子どもの背景には、「参加感」の欠如が見られます。参加感とは、文字どおり、授業に自ら参加している感覚のことです。授業の中に「心理的な居場所がない」状態ということもできます。理解度が高く、つまらなさを感じている場合もあれば、理解が難しく、学習内容についていけないと感じている場合もあります。クラスの人間関係が影響するため、理解はできていても、安心して意見を発表できない場合も参加感の欠如をもたらします。背景はさまざまです。

そんな子どもたちに「授業を聞かせよう、説明や指示を聞かせよう」とする指導は機能しません。最初のうちは「テストに出すから」とか「将来役立つから」と言えば、少しは聞いてくれるかもしれませんが、結局は長続きしません。

なかには、そんな背景がある子どもたちの気持ちを無視したり、見下したような発言を繰り返したりして逆なでし、反抗的態度を煽ってしまうような先生も少なからずいます。教師側の無理解や誤解が絡んでしまうと、問題はより深刻化します。

「子どもを変えよう」と一生懸命にがんばっても、実はなかなか効果は現れません。むしろ、「わかる授業を追究しよう」「一人一人が参加している実感を抱ける授業にしよう」と考えることのほうが大切だと思います。授業への参加感が高まれば、学習意欲が高まり、不適応行動にも歯止めをかけることができるからです。

⨺ さらに深く、背景要因を掘り下げる

参加感の欠如のうち、学習内容の理解や活用に課題がある子どもの場合は、ただ単に参加機会を増やせばよいというわけではありません。「わかる授業を実現すること」こそが、最大の支援になります。

わかる授業を実現するには、子どものつまずきの要因をさらに深く掘り下げる必要があります。現在までのさまざまな研究によって、その背景要因は実に多様で、しかもそれらが絡み合っていることなどがわかってきました。

❶ 授業中に、他者からのからかいや失敗にすぐに乗ってしまう場合

「聴覚情報の取捨選択が難しい」という背景要因があることが多く見られます。聞き取るべき音・声と聞き流すべき音・声がいっしょに耳に入ってきてしまうため、集中が長続きしません。他者からのからかいは、授業への全体的な参加感の欠如から引き起こされるものがほとんどなので、まずは授業そのものを魅力的にすることから始める必要があります。

❷ 板書の視写に時間がかかったり、
一斉指示の聞き漏らしが多かったりする場合

「ワーキングメモリの弱さ」が背景要因として見られることが多いケースです。ワーキングメモリには、文字や動作などの視覚的な情報を一時的にとどめておくものと、音や声などの聴覚的な情報を一時的にとどめておくものがあります。こうした記憶の保持や想起につまずきのある子どもの存在は、指示を具体的かつ明

確にすることの大切さを教えてくれます。「何を言うか（書くか）」よりも「必要以上に言いすぎて（書きすぎて）いないか」を見直すようにします。

❸ 発言にまとまりがなく、活動の手順や段取りの理解が不十分な場合

「プランニングの力の弱さ」に由来したつまずきであると推察できます。プランニングの弱さは、要点を整理することの苦手さや、行動面でまごつく様子に影響をもたらすことがあります。それによって、周囲から、からかわれるという場面も多くなります。プランニングのつまずきがある子どもの存在は、モデルとなる発言を事前に示したり、発言の際のフォーマット（一定のパターンや型のこと）を準備したりすることの大切さを教えてくれます。

❹ 文章題の理解や、文学作品などでの登場人物の気持ちの読み取りが苦手な場合

これは、「他者視点に立つことの難しさ」を裏づけるエピソードです。このような子は、普段から、相手が傷つくような言葉を無自覚に使っていることもあります。こうしたケースでは、問題を時系列で整理したり、イラストなどで視覚化したりすることで、参加感が高まることがあります。

ここでは、不適応行動の背景にある要因の一部を取り上げました。どの要因についても、大人側が理解を広げることで、授業を変えるきっかけが見えてきます。授業をかき乱す行為は、その行動の大きさばかりが話題になりやすいものですが、そもそも学習に向かいづらい背景要因があったのだという理解に立てば、その子どもなりのがんばりも見えてきます。

POINT

授業をかき乱すような子どもの背景には、授業への参加感の欠如が見られることが多い。理解度が高くてつまらなさを感じる場合もあれば、理解が難しくて学習内容についていけないと感じている場合もある。

不適応行動に歯止めをかけるには、「子どもを変えよう」とするよりも、「一人一人が参加している実感を抱ける授業にしよう」と考えるほうがよい。

一見、「学ぼうとしない」姿にも、背景要因がある。要因を丁寧に解きほぐすことで、授業を変えるきっかけや、その子なりのがんばりが見えてくる。

⑤ ルールを守ることに こだわりを示す子

ルールを守ることに強いこだわりを示す子どもがいます。ルールを守らない相手のことを必要以上に責めて、その場の雰囲気を凍らせてしまいます。また、偶発的にルールの枠を越えてしまった相手に対してすら、厳しく指摘することがあります。

⚑ 柔軟さとその子の持ち味を生かして

ルールを大切にすることは、安全で安心な集団生活の基本となります。また、スポーツなどを楽しく行うためにも必要なことです。しかし、そのルールに厳密になりすぎると、本来の活動そのものに制約が生まれ、楽しさが失われて窮屈になってしまうことがあります。

ASD（自閉スペクトラム症）の特性の一つに、決まりを守ることに過度なこだわりを示すというものがあります。そのこだわりについて、本人は「ごくごく当たり前のこと」だと思っていて、プラスな面を強調していえば「正義感が強い」、マイナス面を強調した言い方をすれば「融通が利かない」「原理・原則論にとらわれてしまう」となります。

また、「自分こそが正しい」という気持ちでいることも多く、自分に厳しいだけでなく、相手に対しても同じレベルを求めてしまい、なかなか柔軟に対応できないところがあります。

こうした特性に対し、「もっと相手に優しく」とか「そんなに厳しくしなくても」と指導しても、行動はあまり変わりません。それどころか、「なぜ、正しい自分が非難されなければならないのか」と強い反発を生むこともあります。ですから、抽象的な指示ではなく、具体的なソーシャルスキルの指導をするほうが効果的です。

ルールに厳密になりすぎると、クラスの雰囲気がギスギスしたものになります。

ただ、ルールを順守すること自体は、決して悪いことではありません。大人の世界であれば、経理や文章の校閲、プログラミングのエラーを見つけ出す仕事などで能力が発揮できます。指導を通して、柔軟さの発揮を期待すると同時に、その子の持ち味を生かすことも考えておきましょう。

2 物語でソーシャルスキルを学ぶ

藤野博先生（東京学芸大学教授）は、ソーシャルスキルを学ぶ方法の一つとして、世の中のみんなが当たり前に思っている社会的な常識を簡単な物語にして教える方法を提案しています。

この方法は、目に見えないルールや人の気持ちについて、物語風の文章によって可視化することを目ざします。これを通して、その場において大抵の人がしている行動や望ましい行動、目ざそうとする行動などについて具体的に示すことができます。

主に自閉スペクトラム症がある子どもを対象として開発された方法ですが、発達障害の有無に関わらず、広く適用できます。実際の授業では、個別的に活用するよりもクラス全体で共有するとよいでしょう。

物語の一例を以下に示します。

僕は、クラスの決まりや人との約束をとても大切にしています。

ルールを守って行動すれば、安全に生活することができます。スポーツも、ルールをみんなで守ることで、お互いに公平に競い合うことができます。もし、みんなが好き勝手にルールを決められることになれば、大混乱が起きます。だからルールは大切です。

でも、どうしても事情があって、ルールをたまたま破ったように見えたり、楽しくて興奮してしまい、ルールを忘れてしまったりする人がいます。僕は、そういう人のことが許せないので、ルールを破った相手のことを責めてしまうことがあります。

また、スポーツでは、フェイントをかけるなどのように、相手の気持ちの裏をかく行動を取る人がいることがあります。僕は、そういう人のことを「卑怯だ！」とか「ズルい！」と大声で言ってしまうことがあります。

ルールを守ることは大切なことですが、ルールに厳しすぎると、みんなが楽しめなくなってしまいます。また、人をだますことはいけないと言われていますが、スポーツではルールの範囲内であればそれが技術や戦術の一つとして認められています。

もし、友達がルール違反や卑怯な行動をしていると感じたら、まず相手の事情や行動の理由を聞くことから始めます。相手が素直に「ごめん」と謝ったら、すぐに「わかった」と言うようにします。そして、「次は気をつけてね」と提案したり、「もう一度ルールを確認させてね」と丁寧に付け加えたりします。こうすることで、みんなが楽しくルールを守って授業を続けることができます。

このような物語風の教材は、道徳の授業でよく用いられています。一般的な道徳の授業では、行動の答えのようなものは示されず、「登場人物がなぜこのようなことをしたのか考えましょう」といった発問がなされることが多いようです。しかし、行動の理由を考えることは、自閉スペクトラム症がある子どもにとって苦手なことである場合があります。そこで、実際に取るべき「行動の答え」を具体的に示すようにします。

誤解のないように付け加えますが、この方法は、決して行動を修正させようとするものではありませんし、禁止事項を一方的に伝えるものでもありません。穏やかな表現を用い、生活上必要な"お役立ち情報"を伝え、よき方向に導くことが目的です。

ここまで子どもの話をしてきました。しかし、大人の世界にも原理・原則を振りかざして譲らない人が少なからずいます。組織の中で責任ある立場に就いている場合もあり、その周辺にいる人たちはたいへん苦労します。大人の場合は「適度な距離を保つ、無理して戦わない、しのぐ」ことが対応策です。

POINT

ルールを守ることに強いこだわりを示す子は「自分こそが正しい」と思っているため、「相手のことを考えて」「もっと人に優しく」などの抽象的な指導は、あまり効果はない。

目に見えないルールや人の気持ちは、文章によって可視化するとよい。

行動の修正を目ざすのではなく、生活が豊かになる「お役立ち情報」として伝えるようにする。考えさせるよりも、答えを示して導くほうがよい。

人を頼るスキルが乏しい子

この節で取り上げるのは、「人を頼るスキルが乏しい子」です。

▶ 育成が難しい「援助要求スキル」

人を頼るスキルのことを「援助要求スキル」といいます。別のよび方では、援助要請スキル、相談スキル、ヘルプコールなどがあります。援助要求スキルとは、具体的には、以下のような言葉を伝えて他者に援助を求めるスキルのことです。

「わからないので、教えてください」
「難しいので、手伝ってください」
「一人では無理なので、一緒にやっていただけますか」
「聞き逃してしまったので、もう一度言ってください」
「書き落としてしまったので、見せてもらってもいいですか」
「助けてください」

うまくできない場面や難しい場面、理解しづらい場面に直面したときに、上記のような言葉を他者に伝えて援助を求めることができれば、その場を乗り切ったり、課題を達成したりすることができます。それは裏を返せば、うまくできない場合にもそれをごまかしたり、言い訳をしたり、逃げたりせずに済むということになります。したがって、この他者を頼れるスキルのことを「究極のソーシャルスキル」だと表現される方もいます。

読者の中には、「そんなことくらい、普通なら自然に身についているはずでしょう」と思われる方もいらっしゃることと思います。ところが、意外とこのスキルを育てるのは難しいのです。というのも、他者に援助を求めることができる人には、以下の二つの要件が備わっていなければならないからです。

1．援助を求めることが成功体験につながる、ということを知っている。
2．援助を求めて、それが多少失敗したとしても、「自分はまだできそうだ」という自尊感情を保つことができている。

　ですから、援助を求めても失敗を繰り返してしまったり、そもそも自尊感情が低かったりする場合には、スキルだけを教えてもうまくいかないということになります。それどころか、スキルを教えることで、その子が余計に警戒心を発揮し、「どうせ誰かに聞いたって、バカにされるに決まっている」とか「誰かを頼ったところで、叱られるだけだ」という気持ちを強くしてしまうことがあるのです。このような心理状態を「失敗恐怖」「敗北恐怖」とよぶことがあります。

▶2 「うまくできない子ほど…」

　「うまくできない子ほど、人を頼れない……」
　支援を必要とする子どもたちとの出会いを通して感じてきた、率直な感想です。

　例えば、自分がうまく跳べないからといって、友達が楽しく遊んでいる長縄跳びをいきなり引っ張って邪魔する子。
　例えば、プリントにうまく気持ちを書けずに、クシャクシャと丸めてしまう子。
　例えば、相手に気持ちを伝えることができずに、近くにあったゴミ箱を蹴る子。
　例えば、誰にも聞かずに自己流でやろうとしたり、虚勢を張ったりする子。

　このようにできないときに、泣く、騒ぐ、逃げる、わめく、邪魔をする、やろうとしないで固まる、隠す、ごまかす、めちゃくちゃにする、物や人に当たる……といった場面を見かけたら、「もしかしたら、この子は、できないといういらだちを他者にうまく伝えるスキルが未形成な子かもしれない」という見方でその子を見てあげてください。

　誤解のないように付け加えておきますが、「傷つきやすいからかばってあげましょう」とか、「温かい目で見守ってあげましょう」といった情緒論で話を終えたいわけではありません。子どもの援助要求スキルの弱さに気づき、その力を育てるという発想の転換が必要だと思います。

　最終的に「できないことはできるようにする」、これが本当の解決です。そのためにも、本人が「他者に相談すること」「他者に援助を求めること」「他者の力を借りること」に価値を見いだすようにしていかなければなりません。
　それには、身近にいる大人こそが援助要求スキルの大切さを十分に経験している必要があります。赤坂真二先生（上越教育大学教授）も、「教師自身が、『他者との協働は人生に有効である』という認識をもたなければいけません」と述べています。普段から他者を頼る瞬間を意識し、その魅力を伝えるようにしていきたいものです。

POINT

「人を頼るスキル」のことを「援助要求スキル」とよぶ。うまくできない場面や難しい場面などに直面したときに、それを他者に伝えて援助を求めるスキルを使えれば、その場を乗り切ったり、課題を達成したりすることができる。

うまくできない子ほど人を頼れないという場面が目立つ。援助を求めることができないと、泣く・騒ぐ・逃げる・やろうとしない・隠す・ごまかす・物や人に当たる……などの行動が出やすくなる。

指導のポイントは、「援助を求めることが成功体験につながる」という実感をもたせることである。そのためには、教師自身が「他者との協働は人生に有効である」という認識をもつことが重要である。

衝動的に人のものに触ってしまう子

クラスの中には、衝動的に人の物に触ったり、勝手に持って行ったりする子がいます。

「勝手に持って行ってはいけない」と指導すると、確かにその瞬間はわかってくれるのですが、しばらくすると再び手に取ったり、持って行ったりしてしまう場面を見かけることがあります。

このような行動の背景には、以下のことなどが関係しています。
・「ワーキングメモリ」のつまずきのために、すぐに忘れてしまうこと。
・「実行機能」のつまずきがあり、自分の衝動的な行動に気づけていないこと。
・「ボディイメージ」のつまずきが原因で、腕や手の実感が乏しいこと。

「ワーキングメモリ」や「実行機能」を高めることも、「ボディイメージ」を育てることも、とても大切です。しかし、これらのつまずきの原因に直接的にアプローチするやり方は、通級指導のような個別または小集団での指導だからこそ効果を発揮することが多く、これらを通常学級の教育課程に位置づけることは現実的には難しいと言わざるをえません。

そこで、この節では、通常学級の日々の指導の中で可能なことを整理しておきましょう。

▶ 「明確で具体的なスモールステップ」が指導のポイント

他者の物に勝手に触らないための指導は、九つのステップで完成します。子どもの実態に合わせて、どこからスタートするかを考えながら活用してください。

Step 1 事前に大人どうしで以下のことを共通理解しておく

(1) 「盗み」ではなく「適切な行動の未学習とエラー」と捉えましょう。つまり、適切な行動が身につくまで丁寧に教えれば改善できます。長期戦の構えで取り組みましょう。

（2） 道徳的な指導（勝手に人の物をとることは犯罪だ）、情緒的な指導（とられた相手の気持ちに立って考えなさい）、脅迫的な指導（次に人のものに手を出したら、教室から出ていってもらう）などは、ほとんど効果がないことを知っておきましょう。

Step 2 指導の意図を子どもに説明する

「教室でのよりよい過ごし方を勉強するよ」と子どもに伝え、納得させましょう。

Step 3 弁別学習をする

誰の許可を得なくても触ってよいもの、誰かの許可が必要なものを区別できるか、確認してみましょう。案外、これがわかっていないことがあります。

・許可なしで触ってよいもの……全員が共用するもの、例えば教室に貼ってある献立表など。

・許可が必要なもの……自分以外の人の筆記用具、先生が準備した教材、自分以外の係の仕事の物など。

Step 4 許可が必要なものについて、
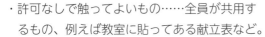
　　　　　「触ってもいいですか」と尋ねる学習をする

これは教室だけでなく家庭などでも普段からやっておくとよいでしょう。あえて「これは触ってはいけないよ、触るには大人の許可が必要だよ」と、特定の物を設定しておきます。そして、「触っていいですか？」と尋ねることができたときには、「そうだね。ちゃんときけたね。でも触ってはいけません」としっかりほめてあげてください。

Step 5 相手の返事を待つ学習をする

「触ってもいいですか？」ときけたとしても、すべてに相手からの返答があるわけではありません。返事を待ったり、もう一度聞き直しをしたり、時間を空けてからリトライしたりする練習をします。これも、普段からやっておくとよいでしょう。あえて返事をしないでみる場面を意図的につくり、そのときに待てるかを確認します。

Step 6 相手に感謝の意（ありがとう）を伝える練習をする

（1） 許可を得た後に、何も言わずに持っていくわけにはいきません。物を受け取ったところで「ありがとう」を伝えるよう、何度も学習します。相手に聞こえる声でさわやかに言うことがポイントです。大人が普段から見本を見せておくことも大切です。

(2) できれば、「3分で返すね」「10秒だけでいいから見せてもらえる？」「使い終わったらすぐに戻すね」など、おおよその時間や目安を言えるようになると、相手に誠意が伝わります。

Step 7 返すときの学習をする

物を使ったら、優しい返し方をしないと、相手は不満を抱きます。物の渡し方は、普段から繰り返し練習しておくことが大切です。

Step 8 「許可しない」「ダメ」と言われたときの、
気持ちの切り替えの学習をする

実際には、どんなに丁寧に伝えても、触らせてもらえない、貸してもらえないことはあります。「まあいいか」とか「しかたないね」などの切り替え言葉を使えるようにしておくよう、練習が必要です。

Step 9 「許可なく触った場合」と「許可をもらってから触った場合」の
違いを理解する学習をする

どちらがよいかを言えるようにしておきます（初めのうちは、その理由まで言うことは難しいかもしれません）。その場にふさわしい行動をとると、よい人間関係につながるという見通しをもてるようにします。

指導のステップを細かく具体的にしていくと、「他者の物に勝手に触らないでいる」ということは、実はさまざまな認知・判断・社会スキルの複合体だといえそうです。指導の際は、「より丁寧に、より具体的に」を心がけてください。

POINT

他者の物に勝手に触ったり、持って行ったりする子の背景には、ワーキングメモリ・実行機能・ボディイメージなどのつまずきが関係していることが多い。しかし、これらに直接的にアプローチする指導は、通常学級の授業の中では極めて難しい。

その一方で、日常の生活指導場面で行われがちな「勝手に人の物をとることは犯罪だ」「とられた相手の気持ちに立って考えなさい」「次に人の物に手を出したら、教室から出ていってもらう」などの指導は、ほとんど効果がない。

ポイントは、子どもの実態に合わせて指導内容をスモールステップ化することである。行動の改善のための具体的な九つのステップで完成する。

⑧ 「気になる子」を 気にしすぎる子

　通常学級では、配慮が必要な子どもだけを取り上げて支援しようとすると、クラスが落ち着かない雰囲気になってしまうことがあります。配慮が必要な子どもの存在を気にする子がいるからです。この、いわば「『気になる子』を気にしすぎる子」ともいえるような子どもの登場をできるかぎりなくしていくことが大切だと感じています。

　通常学級での特別支援教育において、「『気になる子』を気にしすぎる子」への対策の大切さを看破したのは、阿部利彦先生（星槎大学大学院教授）です。ここでは、阿部先生のご講演や書籍を参考にしつつ、また、私自身の巡回相談等の経験も踏まえながら、特徴と対応を整理していきたいと思います。

🚩 問題となる行動をまねてしまうタイプ

　まず取り上げるのは、離席や授業中の奇声・口笛、授業内容に関係のない私語などをまねる子どもです。

　このタイプの子どもには、学習の理解度が低い、基本的生活習慣が身についていないといった特徴があります。日常生活全般でほめられることが少なく、自尊感情が乏しいといえます。また、依存性が高く、主体的に行動するよりも「誰かがやるから、自分もやる」という感覚で行動します。そのため、叱ると「なんでオレだけ？」という言葉が返ってきます。日常の口癖は「つまんない」「あぁー、ひまー」。年度初めの４月は様子見をしていて、ゴールデンウィーク明けから頭角を現すことが多いとされています。

一番の対応策は「授業の中で存分に活躍させてあげること」です。特に導入時に参加感を高めておくことが必要で、既習の内容について確認する際に、その子がわかっていることを発表させたり、全員参加の挙手場面 (例えば、YESの人はパーで挙手。NOの人はグーで挙手。どちらか必ず挙手するなど) を設定したりして、授業に対する動機づけを高めるようにします。

2 失敗にめざとく、わざと刺激になるような関わりをするタイプ

　他者の失敗を見過ごさないタイプの子どもも、「気になる子」の存在が気になってしかたがないようです。マイナス方向に頭を使ってしまうことがあり、すれ違いざまに相手が嫌がることをボソッとつぶやきます。相手が怒るのを楽しんでいるようなところがあります。いわば、怒りの導火線に火をつけて回るような子どもです。

　日常の口癖は「だって、あいつが○○だから」。自分を振り返ることが苦手で、よく言い訳もします。行動の基準がぶれやすいのも特徴の一つです。

　一番の対応策は「承認欲求を満たすこと」です。認められていると感じているときには、あまり他者を追い込むような姿は見せないからです。例えば、問題となる行動を叱る場面であったとしても「見込みがあるからこそ、厳しく言わせてもらう」「あなたがいちばん変われる可能性があるから、最初に声をかけた」「先生は、変われる子しか叱らない！」などの言葉かけをし、叱られているはずなのに認められているという感覚をもたせるようにします。

3 裏でコントロールするタイプ

　表立って何かするわけではないのですが、大人の見えないところで、クラスメイトの同調圧力を高めるキーパーソンになっている子どもがいます。クラスでは一目置かれた存在であることが多いといえます。

　不登校児のお世話を買って出たり、学力やスポーツなどに秀でていたりする場合が多いために、「まさか、あの子が……」と大人から気づかれにくいこともあります。このタイプはとても賢い（ずる賢い）ところがあって、周囲の子どもを動かすときに直接的に「やれ！」と命令するようなことはしません。「あの子に〇〇って言ってみると、おもしろいよね」というたぐいのことを言い、巧みに動かします。道徳心が育っていないと、このような問題が長引くことがあります。

　見つけ出すポイントは、クラス全体の盛り上がりの場面です。このタイプの子どもは、盛り上がりにはほとんど加わりません。そろそろ先生がたしなめようかなと思うその瞬間、タイミングよく「おい、そろそろ静かにしようぜ」とか「お前ら、いつまでやってるんだよ」などと場を仕切ります。時には「先生をこれ以上困らせるなよ」というようなことを言って、頼りになる子どもを演じることもあります。

　一番の対応策は、「自立心を尊重し、大人と同じように扱うこと」です。彼らは、同学年の子どもたちよりも大人に見られたいところがあります。そのため子ども扱いを極端に嫌がります。少し背伸びしたい気持ちを尊重し、大人（に近い存在）としてのふるまいを教えて、よき方向に導いてあげるようにします。

POINT

クラスには、「『気になる子』を気にしすぎる子」がいる。そのため、「気になる子」だけを取り上げて支援しようとすると、クラスが落ち着かない雰囲気になってしまうことがある。

学級経営では、そうした周囲の「気にしすぎる子」を優先的に支えることが重要となる。

「気にしすぎる子」のタイプの特徴を理解しながら、対応を考える必要がある。

「助けて」が言えるということ

誰かを頼れることの安心感

　他者にヘルプやSOSを出すことを「援助要求」「援助要請」「援助希求」と呼びます。第1章の「6／人を頼るスキルが乏しい子」(本書 23 〜 25 ページ) でも、援助を求めるスキルを取り上げましたが、これは人生を左右するほど大切なスキルであるとされています。

　大人の社会でも誰かを頼ることは日常的に行われています。例えば、職場で探している物がなかなか見つからないときには、知っていそうな人に尋ねるはずです。また、期限に間に合わないようなことが起きれば、そのことを報告したうえで、上司や取引先に期日の延長をお願いしたり、同僚に手伝ってもらえるかと依頼したりすることでしょう。人に援助を求めることは、言い換えれば「困難を乗り越えるためのスキル」だと言っても過言ではありません。もし仮に、誰も頼れないという状況があるとしたら、そこに安心感は生まれません。誰かを頼れるという場は、その人の意欲や態度を支えているということになります。

「他人に迷惑をかけない」が陥りやすい落とし穴

　しかしながら、もともと日本の社会では「他人に迷惑をかけない」ことが基本とされてきました。今でもその傾向は根強く、子育て観や教育観にも多分に影響をもたらしているところがあります。このことが「援助を求めることは弱いこと、好ましくないことである」という誤解につながることもありえます。

　いじめ被害に遭いやすい人や自殺リスクの高い人は、援助希求能力が乏しいとされています。もしかしたら、「SOSを出すことで誰かに迷惑をかけてしまうのではないか」と考えているのかもしれません。あるいは、助けを求める気持ちを抱きつつも、誰も頼れないと感じる状況であるがゆえに「自分には助けを求めるだけの価値がない」と決めつけているのかもしれません。

　人は、何かに依存しなければ生きていくことはできません。誰にも頼れないと感じると、人ではなく、「物」や「制度」や「立場」に依存するようになります。

アルコールやギャンブル、薬物、インターネットやゲームへの依存には、すべて「人に依存できていない」という共通項があります。また、出世や昇進などの「制度」に過度に依存しすぎたり、相手に「マウントをかける（精神的に上位に立つこと）」ような行為で「立場」に依存したりすることも、結局は「人に依存できない」ことの裏返しだと見ることができます。

「助けてが言えない子」を助長する授業への懸念

　学校生活において、子どもたちが「SOSを出せるようにすること」や「援助希求力を高めること」はどれほど大切にされているでしょうか。

　たとえば、授業で「分かる人？」と挙手を促す場面があります。そのとき、手が挙げられない子はどんな表情をしているでしょうか。「指名されないように」というオーラを出しながら緊張感や不安感でいっぱいなことを、どれだけの教師が把握できているでしょうか。このやりとりが繰り返されると、いつの間にか授業そのものが「臆病になること」を助長していきます。

　「困っている」と言えなくなる空間は、極めて危険です。SOSを出したり、援助を求めたりすることを「屈辱」や「敗北」と感じるようになります。そして、困難をなんとか乗り越えていこうという挑戦への意欲を打ち砕きます。結果的に、問題に向き合わない、問題から遠ざかろうという気持ちを誘発します。もしかしたら、不登校は「今の学校が安全ではない」という実感をもとにした「目の前のやるべきことから距離をおく」防衛的な手段なのかもしれません。

　もし、挙手をうながすのであれば「今、指名されたら困るっていう人？」と尋ねてみてください。安心感に包まれると思います。ただ、この問いに手を挙げられるような勇気のある子ばかりではありません。もし手を挙げられる子がいたら、ぜひ「勇気があるね」とほめてあげてください。

memo

第 **2** 章

こうすれば
輝く

子どもの効果的な伸ばし方

① 「ムカつく」や「ウザい」が 口癖の子

▶ ネガティブな感情を整理するということ

　うまくできない場面や難しい場面などに直面したとき、人は、何らかのネガティブな感情に陥ります。例えば……

　「できなくて悔しい」
　「できている人が羨ましい」
　「うまくいかない自分が情けない」
　「本当はできるようになりたいのに、失敗が続くのがもどかしい」
　「どうにもならず、じれったい」
　「自分のことが腹立たしい」
　「他者と比べてしまう自分がいまいましい」

などです。

　これらの悲観的・否定的な感情を意識することは決して悪いことではなく、生きていくうえではむしろ大切なことだと考えられています。なぜならそれは、自分の内面に目を向けていることの証だからです。

　家庭裁判所の元調査官というご経歴がある藤川洋子先生（京都ノートルダム女子大学客員教授）は、少年犯罪や非行のケースへの対応をもとに、悲観的・否定的な気持ちを「ネガティブな感情」として整理していくことがいかに重要であるかを示唆しています。藤川先生のご著書『なぜ特別支援教育か 一非行を通して見えるもの』（日本標準）には、こんな一節があります。

　　年齢があがればあがるほど、毎日の生活の中に、「うれしい」「楽しい」だけではなく、ネガティブな感情がわき起こることが増えるはずですが、こうしたネガティブな感情が命名されていないと、子どもたちは自分の感情を伝えることができません。結局、「うざい」のオンパレードになったり、言葉にならずにキレてしまう、つまり行動化してしまうことになると思うのです。
　　（p.30）

　これらの背景を踏まえると、より豊かに生きていくためには自己の中にある悲観的・否定的な感情を一つ一つ"命名"し、受け止めていくことが極めて重要であり、それができていない場合に「(あいつ) ムカつく」や「(あいつ) ウザい」など他者に向かう気持ちや行動が生まれやすいということがいえるのではないでしょうか。

　「ムカつく」や「ウザい」は、失敗や困難の原因を自分以外の他者に向ける言葉です。もっとわかりやすくいえば、「人のせい」にする言葉です。うまくいかないことを誰かのせいにしているままでは、「援助要求スキル (本書23ページ)」も発揮できません。

　人を頼るスキルが乏しい子は、実は「ネガティブな感情の命名がうまくできていない子」だと言い換えることもできます。「ムカつく」や「ウザい」が口癖の子どもたちを見るたびに、ネガティブな感情の整理という支援を求めているように感じられてなりません。

▶ ネガティブな感情の整理を支援する

　ネガティブな感情の整理を支援するポイントは二つです。まず「感情を表す語彙を豊かにすること」、そして「身につけた語彙を実際に使いこなすこと」です。

❶ 感情を表す語彙を豊かにする指導

　光村図書の2015年度版小学校『国語』教科書の2年以上 (2〜4年は上巻) の付録には、「言葉の宝箱」という見開きのページが設けられています。「こまる」や「くやしい」は、2年生ですでに取り上げられています。

　他の学年でも「じれったい」(4年)、「あわれ」「うんざり」「いら立つ」「いまいましい」(5年)、「もどかしい」「たまらない」「なやましい」(6年) など、発達段階に応じた言葉が載せられています。学年が上がるにつれて、ネガティブな感情を細かく表現する言い方も増えていきます。

　「ムカつく」や「ウザい」といった言葉がその子の口から出てきたら、「"あいつ、ムカつく"よりも、"僕、じれったい"のほうが共感できるよ」と伝えてみてください。学年に相当する言葉を使ってあげると、その子の感情を表す語彙がより豊かになっていくと思います。

❷ 実際に使いこなすことを支える指導

　日記指導をされている場合は、その日の"感情テーマ"を決めて書かせてみてはどうでしょうか。例えば、「今日のお題は"情けない"にします」などと「言葉の宝箱」の中から言葉を一つ取り上げてテーマとし、それに沿ったエピソードを書かせるのです。それにより、子どもたちは自己の内面に向き合うことができます。

　日記指導は時間がなくて難しいという場合は、連絡帳を活用してみましょう。黒板に記した翌日の時間割、持ち物、宿題を書き写させた後に、

　「今日、私がもどかしかったことは（　　　　　　　　　　　）。
　　明日はきっと（　　　　　　　　　　）。」

と書き加えさせるようにすると、連絡帳を書く時間内にも作文指導や感情の整理を支える指導ができます。

▶ 感情語彙が増えると、より豊かに生きるための引き出しが増える

　私たちは、何かを他者に伝えようとするときには自分が知っている言葉を駆使します。知っている言葉が少ない段階では、伝わりきらずにもどかしい思いだけが残る（時に、伝えることすら諦めてしまう）ものですが、語彙が増えれば、言葉の選択肢が増え、より的確に物事を表す言葉を探そうとします。

　感情を表す語彙が増えることは、自分の今の気持ちの状態をより的確に表現することにつながります。それはまた、自己の内面を自覚すること、より豊かに生きるための引き出しが増えることにも結び付いていきます。「ムカつく」や「ウザい」と言わせないようにするには、ただ禁止するのではなく、別な言葉で気持ちを言い表せるように育てていくという視点が必要です。

POINT

「悔しい」「情けない」「もどかしい」などのネガティブ（悲観的・否定的）な感情を意識することは、自分の内面を自覚するために必要であり、そう感じる場面は学年が上がるごとに増えていくものである。

ネガティブな感情の"命名"ができないままだと、「ムカつく」や「ウザい」などの言葉で他者のせいにしてしまうことが多くなる。「ムカつく」や「ウザい」が口癖の子は、実はネガティブな感情の整理を求めている子だといえる。

感情の整理を支援するポイントは、その子の感情語彙を増やすことと実際の生活の中でそれを使いこなせるようにすることである。

② 忘れ物が多い子・提出物をなかなか出せない子

　学校生活には、子どものつまずきを読み解くたくさんのヒントが詰まっています。例えば、忘れ物が多い、提出物がなかなか出せないといった姿もつまずきを読み解くヒントの一つになります。実は、これらの様子からは「ワーキングメモリ」のつまずきを推しはかることができます。

▶「ワーキングメモリ」とは

　ワーキングメモリは、脳の機能の一つです。ある物事が終わるまでは記憶を「保持」しておき、その展開にしたがって「操作・整理」し、必要がなくなればすぐに「削除」していくという特徴があります。いわば、「付箋（ふせん）紙」のような記憶です。

　人間の脳の長期記憶の領域には限界があります。また、記憶をし続けるためにはものすごく多くのエネルギーを使います。そのため、目にしたことや耳にしたこと、触れて感じ取ったことなどの全てを、そのまま長期にわたって記憶し続けるわけにはいきません。自分にとって必要な情報だけを長期記憶に留めておき、どうでもいいようなことは忘却することで、脳の働きをキープします。

　このように、ワーキングメモリによる一時的な記憶の保持には、日常生活のさまざまな場面における行動・判断を支えるとともに、長期記憶に負担をかけないという役割があります。

▶ ワーキングメモリの個人差・個人ごとの特性

　付箋紙にいろいろなサイズがあるように、ワーキングメモリの能力にも「個人差」があります。容量が小さな人もいれば、多くの記憶を留めておける人もいます。

　例えば、その場では「わかりました」と言っていても、少し時間がたつとすぐに忘れてしまう子がいるのは、付箋紙の中にもはがれやすいものがあるのと同じことです。記憶の残りやすさ、忘れやすさについても個人差があります。

　あるいは、その場で覚えたことをすぐに使える人もいれば、じっくりと考えてから使おうとする人もいます。これも、記憶の操作・整理についての個人差が関係しています。

　また、聞いたことを覚えておくのが得意なタイプの子どもがいる一方で、見たことを覚えておくほうが得意なタイプの子どもがいます。さらに、身体を動かしたり、手で取り扱ったりすることで記憶に留まりやすくなるタイプの子どももいます。このように、記憶のしかたには「個人ごとの特性」があります。

　子どものつまずきを読み解くためには、こうした知識が欠かせません。ワーキングメモリには「個人差」や「個人ごとの特性」があり、それに関わるつまずきが学校生活や日常生活に大きな影響をもたらしているのです。

▶ 予想外に広い、ワーキングメモリのつまずき

　ワーキングメモリのつまずきの影響は、学習面、行動面、対人関係面など多岐にわたります。以下に主なつまずきを列挙します。なお、ここに示す項目はあくまでも「傾向」を全体的に示すものであり、チェックの数が問題になるわけではありません。

学習面

- ☐ 一斉指示の聞き逃し・聞き間違いが多い
- ☐ 作文が苦手
- ☐ 音読の際に、たどたどしい読み方になってしまう
- ☐ 筆算の位取りや手順を間違えてしまう
- ☐ テストなどでのケアレス(うっかり)ミスが多い
- ☐ ノートと黒板を見る視線の移動回数が多く、時間がかかる
- ☐ 活動の手順を覚えきれない、作業の段取りがよくない
- ☐ 集中が続きにくく、じっと座っていられなかったり、そわそわと体を動かしたりする
- ☐ 指名されるのを待てずに、出し抜けに答えてしまう　など

行動面

- ☐ 持ち物の整理整頓が苦手
- ☐ 机の周りや自分の部屋が散らかりやすい
- ☐ 大切なものをなくしてしまう
- ☐ 活動の際にそれ以外の物事に気が散りやすいため、作業が遅くなってしまう
- ☐ その場では理解していても、すぐに忘れてしまう
- ☐ やるべきことを最後までやり通せない
- ☐ 行動を切り替えるべきときに切り替えられない
- ☐ その場で適切な判断をすることや、不適切な行動にブレーキをかけることが難しい

対人関係面

- ☐ 日常の活動や約束を忘れがち
- ☐ 人との距離感が近い
- ☐ 指摘されるとその場では気づけるがすぐに同じことをしてしまう
- ☐ 会話の内容が逸れやすい、会話がかみ合わない、まとまりがない
- ☐ 何度も同じことをして叱られることが多い、反省していないように見られてしまう

▶ 支援の方向性

　ワーキングメモリのつまずきは、一般的にはまだまだ知られていません。教師がこれを知らないままでいると、「意欲が足りない、自覚がない、態度が悪い、真面目にやろうとしていない」などといった精神論的な評価を下しやすくなります。ひどいときには、別の課題を課すような「罰」的な関わりで、よくない部分を直そうとする指導が行われることもあります。まずは、子どものつまずきの原因を正しく理解し、意欲・態度・自覚の問題と決めつけないようにすることが大切です。こう考えるだけでも、ミスやエラーが目につきにくくなるはずです。

　また、支援の手立てを考える際には、「個人ごとの特性」を十分に踏まえる必要があります。「何度言い聞かせても伝わらない」という子は、もしかしたら言語情報が記憶に留まりにくいタイプなのかもしれません。このような場合、メモや絵カードを見せる（視覚化する）などの手立てによって伝わりやすくなることが多いので、指導と「個人ごとの特性」のマッチングを見直すとよいでしょう。

　ところで、ワーキングメモリが弱いというのは、必ずしも悪いことばかりではないようです。切り替えがとても早い、ものごとに固執しない、ネガティブな感情をあまり引きずらないなどのよい部分を発揮している子どももいます。自戒を込めて言うと、私たち教師はこうした姿を見るとつい「反省していない」と決めつけてしまうところがあるのではないでしょうか。発達のつまずきは、見方しだいでは、その子の長所にもなりうるということを忘れてはいけないと思います。

POINT

忘れ物が多かったり、提出物がなかなか出せなかったりする子どもには「ワーキングメモリ」の弱さが見られることが多い。

ワーキングメモリの弱さは、学習面、行動面、対人関係面など、日常生活のさまざまな領域に影響をもたらすことが知られている。また、その場で適切な判断をしたり、好ましくない行動にブレーキをかけたりすることが難しくなる場面もある。

これらの姿を「意欲・態度・自覚」の問題だと決めつけてしまうと、子どものミスやエラーばかりが目についてしまう。背景にある認知特性を正しく理解することが大切になる。

③ 書こうとしない子

▶ 子ども一人一人の歴史を踏まえる

発達につまずきのある子どもへの対応は、今、どの学校においても喫緊の課題とされています。特別支援教育のカギは、以下の三つです。

① 早期の対応
② 適切な支援
③ 周囲の理解

これらが整い、小学校低学年のうちからしっかりとした支援体制が構築できたケースでは、6年生になる頃には「すっかり落ち着いたね」と言われるほど子どもが成長している姿が多く見られます。

その一方で、つまずきが放置されたり、関係者間で共通理解ができていなかったりするケースもあります。なかには、もともと見られていたつまずきが思春期特有の二次的なつまずきに進んでしまう場合もあります。

二次的なつまずきとは、具体的には、次のような姿を指します。

- 自己否定が強い
- 支援を受け入れない
- 暴言・汚言・反抗的な態度が過激化する
- つまずきを隠そうとする
- 授業中の他児妨害や飛び出しが頻出する
- 登校をしぶる
- 「どうせダメだから……」「何をやってもむだだし……」といった言い方が口癖になり、"学習性無力感"が強くなる　など

さらに事態が深刻化した場合には、「反抗挑発症（以前は「反抗挑戦性障害」とよばれ、有益なことを言われていたとしても反発や挑発的な行動を返す症状）」や「素行症（以前は「行為障害」とよばれ、器物の破損、窃盗、動物の虐待などの行為を6か月以上続ける症状）」などの二次的障害の域に入っていると想定されるケースも現れます。

こうした場合、家族、児童相談所や子ども家庭支援センター、警察などの関係機関との協力も必要になります。

※私たち教師には、医学的な診断を行う権限はありません。ここに示す障害名についても、推測レベルでレッテル貼りをするようなことだけは厳に慎まねばなりません。

「発達につまずきがある子」といっても、百人百様、皆、違います。それぞれが経てきた数年間の歴史（ライフ・ヒストリー）も異なります。そのため、「こうすればうまくいく」といった関わり方のマニュアルは存在しません。

大切なのは、一人一人の子どもに「尊重すべき歴史」があることを理解し、誠実で丁寧な関わりを続けていくことです。

▶ 「書けない」ことへの無理解は「書きたくない」を生み出す

小学校中学年から高学年にかけて、「ノートを取らない（取ろうとしない）」という子に出会うことがあります。

その背景には、少なからず書字（字を書くこと）のつまずきがあることが多いといえます。加えて、「うまく書けない」というつまずきに対する周囲（主に担任教師）の無理解や誤解がもとで、文字の止め・はね・払い、点画の長さ、点画の交わり方などについて、繰り返し、必要以上に厳しく指導されてきたという歴史をもつケースが少なくありません。

小学校低学年の先生方には、「きちんとしつけておかなければ、上の学年になったときに困るから」といった、ある種の使命感のようなものがあるように思います。必然的に、平仮名、片仮名、漢字の指導でも細部まで厳しくチェックすることになりがちです。

しかし、手書きの文字というものは本来、「常用漢字表」や「学習指導要領解説国語編」などに示されているとおり、その文字の骨組み（字体）が認識できるのであれば、字形の細かな違いはまったく問題にする必要のないものです。学校現場では、この「字形の細かな違いは問題視しなくてよい」という事実を知らない教師が少なからずおり、文字の細部に必要以上の注意が向けられて正誤を決める傾向はなかなか改められていないのが実情です。

書字のつまずきに対する無理解と、手書き文字の評価のしかたへの誤解が重なった結果、「もう二度と書かない！」という気持ちに至った子どもたちがいるのです。

その子の歴史を踏まえるということは、実は、現在行われている指導が、その子の将来にどのような影響を及ぼすかについて考えるということにもつながります。

特別支援教育が広がることで、少しでも救える子どもを増やしたい。そう切に願うばかりです。

POINT

特別支援教育のカギは「早期の対応」・「適切な支援」・「周囲の理解」の三つである。

周囲の無理解や誤解が、状況のさらなる悪化を生み出すことがある。ノートを取ろうとしない子たちの背景には、書字のつまずきへの周囲の無理解があったり、手書き文字の評価のしかたについての誤解があったりする。

大切なのは、一人一人の子どもに「尊重すべき歴史」があることを理解し、誠実で丁寧な関わりを続けていくことである。

④ 衝動性の高い子

▶ 衝動性が高い子どもを力ずくで押さえる指導は逆効果

　クラスには、「思いついたらすぐに行動してしまう」「不適切なふるまいになかなかブレーキがかからない」「新しい刺激があるとすぐにそちらに飛びついてしまう」という子どもがいます。このような特徴は「衝動性」とよばれます。

　学校現場には、この衝動性をなくすことに躍起になってしまう先生が少なくありません。もちろん、「将来のことを考えて」という思いがあるからこそだと思いますが、短期間で、しかも格段にその子が変わる効果的な教育方法というのは、実は存在しません。

　「そんな子どもは力で押さえるに限る」と強権的に対応する「鬼軍曹」タイプの先生がいます。このようなやり方は、その場・その瞬間だけなら何とかうまくいってしまうところがあります。というのも、衝動性の高い子どもは、「刺激依存性（周囲の刺激に振り回されやすいこと）」も持ち味にしているため、その先生がいるときだけは、まるでなりをひそめたかのごとく、おとなしくなることがあるのです。

　ところが「おとなしくなったから、次は新任や若手が担当しても大丈夫だろう」とみなしてしまうと大間違いです。次年度は反動のように衝動性が強くなり、結果として大人が振り回されます。そしてこのことが、「やっぱり強い指導でないとうまくいかないのだ」といった大人の誤解をさらに強化してしまうことにつながることも珍しくありません。

　「今日は何もしていないだろうな」という取り締まりタイプの対応は、間違いなく子どもの素直さを失わせます。特に中学校では、いまだに「生徒たちを力で従わせ、思いのままに動かせる教師」を「できる教師」とか「力のある教師」とみなす残念な傾向が残っています。それは「力のある教師」ではなく「生徒たちの考える力を奪う教師」だと思うのですが……。

▶ 衝動性の高い子どもへの指導の「三大禁じ手」とは

　衝動性が高い子どもたちへの指導においては、これから述べる「三大禁じ手」を十分に理解しておく必要があります。「禁じ手」とは、格闘技などで用いられる言葉で、「攻撃力・破壊力が大きすぎるため、正当な関わりとして認められない行動」のことをいいます。

三大禁じ手

1. 強い指導
2. 頭ごなしに叱る
3. 押さえつけ

　衝動性の背景には、中枢神経系（脳）の機能に不具合が見られることが少なくありません（例えば、「実行機能」という、行動に適切なブレーキをかける部分につまずきがあるなど）。いわば、脳が「いいことを思いついている」といった誤った信号を出してしまっていて、身体が勝手に行動を始めてしまっている、そう理解する必要があります。

　大切なのは、子どもの行動にブレーキがかかっている場面に着目するということです。授業においては、「"ハイハイ！"と言わずに手を挙げられているA君、どうぞ」などのように、ブレーキのかけ方をモデル化して示すとよいでしょう。

▶ 保護者を追い込むような電話は避ける

　最も避けたいのは、校内での対応不足を家庭に持ち込む指導です。放課後に電話などで「今日もこんなことをしでかしました。家でしっかり言い聞かせてください」と伝えるようなことを繰り返していると、やがて保護者は「学校で迷惑をかけないようにもっと言い聞かせなくちゃ」という気持ちをさらに強くするか、もしくは「もう夕方の電話は怖くて出られない」という気持ちを強くするかのどちらかになります。

家で何かを言い聞かせてほしいのであれば、せめて、「何を、どのように言い聞かせると効果的か」を丁寧に伝えましょう。

　例えば、友達への不適切なふるまいにブレーキをかけられない子の場合、「"勉強面でがんばってきているから、お友達との関係づくりも期待している"と伝えてください」とか「"今は行動のブレーキがかかりにくいけれど、周りをよく見ているときはブレーキがかかっているよ"と伝えてほしい」などと伝えるのがよいと思います。

　こうした答えを教師側が持ち合わせていないのにもかかわらず、ただ単に「言い聞かせて」と繰り返し伝えるのは、保護者とその子どもを追い詰めているだけのように思います。

　親子関係を悪化させる方向に追い込むような指導は、もはや指導とはよべません。ただの丸投げをしているようなものです。

　衝動性は、見方を変えれば「行動力のエネルギー」です。問題を減らそうとするのではなく、正しいエネルギーの使い方を丁寧に教え、それができている場面に着目して、適切なふるまいの場面を増やすことが大切なのではないでしょうか。

POINT

衝動性が高い子どもを力ずくで押さえるような指導や、「今日は何もしていないだろうな」という取り締まり型の指導は、子どもの素直さを失わせる。

衝動的に動いてしまうことの背景として、脳機能のつまずきが見られることもある。要因を理解したうえで、「禁じ手（正当とは認められない関わり）」を踏まえて指導する必要がある。

学校で起きたことであるにもかかわらず「家でよく言い聞かせてください」と伝えるのは、保護者の気持ちを追い込むようなものである。

⑤ 力加減の調節が苦手な子

▶ 身体接触や力の加減がトラブルの発端になりやすいケース

　この節では、身体接触や力の加減が問題の発端となって、いさかいやトラブルに至ってしまう子どもを取り上げます。トラブルの理由を聞いてみると、大きく3タイプに分けられるようです。

　一つ目は、「触った・触っていない」系のトラブルです。ちょっと身体が触れたとか、相手の持ち物に不用意に触れたとか、隣の子の机に物や体の一部が大きくはみ出しているなどが当てはまります。トラブルのきっかけになる子が自分の身体のサイズをよくわかっていなかったり、触られることに過剰な反応をしたりすることから起きます。つまり「触覚」系のトラブルだと整理することができます。

　二つ目は、「ぶつかった・ぶつかっていない」系のトラブルです。これは、日常的に姿勢が崩れやすく、体幹の保持がしっかりできていない子に多く見られるようです。動きがなんとなくフラフラしていて、立っているときはどこかに寄りかかるなど姿勢が安定しないところがあります。なかには、かかとを地面にしっかりとつけずに歩く「つま先歩き」が見られる子もいます。体の軸ができていないということがこれらのきっかけを作っています。これは「平衡感覚・バランス感覚」系のトラブルだと整理することができます。

　三つ目は、「やりすぎた・強すぎた」系のトラブルです。もともと動きが雑であったり、強引なところが目立ったり、無造作な行動が多い場合に見られるという傾向があり、それがトラブルのきっかけを作っています。これは「固有感覚」系のトラブルだと整理することができます。

　三つ目の「固有感覚」という言葉は、読者の皆さんにもなじみが薄いと思いますので、ここから丁寧に説明していきます。

▶ つまずきの背景にある「固有感覚」

「固有感覚（固有受容覚ともいう）」とは、「関節の角度や筋・腱の動きなどから、(a) 身体の各部の位置、(b) 運動の状態、(c) 身体に加わる圧や抵抗、(d) 重量等を感知する感覚」のことをいいます。

動きのコントロールや力の加減などの姿勢・運動の情報は、固有感覚の働きを通して脳に伝えられます。

例えば、目をつぶったままの状態で、「グー・チョキ・パー」と手の形を作ったり、手のひらに乗せられた本がおおよそ何冊くらいかを当てたりできるのは、固有感覚がしっかりと働いているからです。

前述のようなトラブルが多い子どもたちには、固有感覚の反応が低いケースが多く見られます。(a) ～ (d) のそれぞれについてつまずきとの関連を整理すれば、以下のようになります。

    (a) 身体の各部の把握が難しいため、足元や肩など、見えていない部分への意識が弱くなる。

    (b) 運動の方向や加速度の把握が難しいため、丁寧な動きのコントロールができず、無造作でガサツな動きになる。

    (c) 他者から力が加わったときの圧の整理が難しいために、意図していない強い関わりになる。

    (d) 重さや力の入れ加減を感じ取りにくいために、相手を無意識にたたいてしまったりする。

これらの結果として、狭いところを無理やり通ろうとしたり、ぶつかっていること自体に気づけていなかったりすることもあります。

▶ あらためて、「力の加減」とは？

力加減とは、「その状況に適した運動の、（1）方向性、（2）強さ、（3）速さをコントロールできること」と言い換えることができます。これら三つの要素を同時に求めると、子どもは混乱してしまうため、以下のように一つずつ分けて指導するようにします。

❶ 運動の「方向性」について教える場合

- 「ここから、ここまで」のように、動きの始点と終点を具体的に伝える。
- 「〇度で止める」「およそ〇センチ離す」などのように、具体的な数値を示す。

❷ 運動の「強さ」について教える場合

- 「卵が割れない程度の強さで」「花束を相手に渡すように」などのように、強さのイメージが伝わるように説明する。
- 一度全力で地面を踏みつけたり、こぶしで反対の手のひらを全力でたたいたりしてもらってから、「その半分の強さ」などのように比較させて教える。

❸ 運動の「速さ」について教える場合

- 「〇秒で」と時間を伝える。
- 「そうっと」などの様子を表す言葉を添えて説明する。「ちゃんとやって」などの表現は、受け手によって曖昧な理解になるので避ける。
- モデルを示したり、直接触れて動かし方をガイドしたりする。

▶ 背景要因についての理解がないと……

　学校現場では、まだまだ「固有感覚」についての知識をもった教師が少ないのが現状です。

　もしも、この知識がなかったら、力加減の調節が難しい子は、ただのトラブルメーカーにしか見えませんし、「強く言い聞かせても、直そうとしない」とか「粗暴で、相手に不快感を与える」などと、決めつけてしまうこともあるかもしれません。

　力加減のコントロール力が手っ取り早く上達するというような方法はありません。背景要因を理解したうえで、その子と同じ目線で解決策を考え、うまく行動できたときに認めながら、地道に育てていくことが大切です。

POINT

身体接触や力の加減がトラブルの発端になりやすい理由を整理すると、「触れた」「ぶつかった」「やりすぎた・強すぎた」の三つが挙げられる。それぞれ、触覚・平衡感覚・固有感覚という三つの感覚のトラブルによるものと考えられる。

固有感覚は、動きのコントロールや力の加減などの姿勢・運動に関する情報を脳に伝える役割をもつ。固有感覚の反応が低いと、無造作・強い関わり・身体各部位への意識の弱さ・相手との距離感などのつまずきが出やすい。

固有感覚に関する知識がないと、力加減の調節が難しい子は「ただのトラブルメーカー」にしか見えない。正しく理解し、丁寧に関わることが求められる。

⑥ 行動を制止されると かんしゃくを起こす子

　幼児期から小学校の低学年にかけて、集団行動が著しく苦手な子どもに出会うことがあります。保育士・教師の指示になかなか従えず、集団の規律に合わせて行動することが困難な様子を見せます。

　彼ら（圧倒的に男子のケースが多いのでここでは「彼ら」とします。しかし、女子にもこのような子はおり、なかには男子以上に強烈なインパクトを示すケースも見てきました）は、全体集会などの集団活動にはなかなか入ることができません。また、掃除のような役割分担がある活動では、自分の持ち場を放棄して、好き勝手にふるまっているように見えます。

　授業場面では、図工など興味のあるものにのみ参加し、国語や体育など苦手なことがあるものにはいっさい参加しようとしないという姿がよく見られます。

　自己の興味への没頭が強い場合、著しく興味を示す対象は、数字・文字・標識やマーク・電車の種類・駅名・時刻表・自動車の種類・バスの路線図・天気予報・地図・国旗・恐竜・昆虫・歴史上の人物、アニメやゲームなどのキャラクターなどであることが多く、これらは「カタログ的な知識」ともいわれます。

　さらに、場面の切り替えが難しいところがあり、やりたいことを制止されると泣きわめき、かんしゃくを起こす場面もよく見られます。苦手なことを他者から強要されたときにも、同じような姿を見せます。

　こうした子には、その背景にある特性を理解したうえで、無理せず少しずつ折り合いをつけるための指導を粘り強く続けていくと、しだいに態度が柔軟化していきます。そして、社会性が向上し、指示に応じることができる場面が増え、中学年から高学年になるころには授業や集団活動への参加が可能になります。

　いわば長期的な視点をもって関わることが重要なのですが、そうした視点に立つことが難しい教師ほど、「この子に振り回されている」「この子に困っている」「周りの子たちの迷惑になっている」と感じてしまうようで、短期的な解決を目ざして失敗している場面をよく見かけます。

　特に、背景にある特性を無視して強引な指導を行うと、思春期や青年期に二次

的な大混乱（例えば、周囲を過剰に気にする、被害妄想と感じられるほどちょっとしたことで「いじめられた、ハラスメントを受けた」と大騒ぎするなど）を引き起こすケースもあります。

　そこでこの節では、やりたいことを制止されるとかんしゃくを起こすような強いエネルギーをもつ子どもの背景にある特性と、低学年での関わり方のこつを整理しておきたいと思います。

▶ 背景にある特性

まずは、彼らの行動の背景にある特性を整理しておきましょう。

❶ 全体状況の把握が苦手

　全体よりも部分に着目してしまう傾向が強いことがよく知られています。これを「シングルフォーカス」と表現することもあります。周辺の状況に気づけていないことが多く、パニック状態に追い込まれて興奮・混乱すると、さらに狭い範囲の情報しか取り込めなくなってしまいます。

❷ 臨機応変な対人関係が苦手

　「いつもと同じ」とか「普段どおり」の場面では少し安心感が出ますが、その一方でイレギュラーなイベント、大勢が集まる場所、慣れない状況などでは臨機応変さが求められるため、不安を強く感じます。

❸ 他者視点の獲得が難しい

　他者が自分をどう見ているかを意識することを「他者視点」といいます。他者視点の獲得が難しいと、自分のふるまいを見つめ直すことが難しくなります。「そんなことしていたら恥ずかしい」「みんなの迷惑になる」といった説明を理解することも難しいといえます。

❹ 具体的で明確な情報への強い志向性をもつ

　前述したとおり、興味・関心を著しく示す領域の大半は、様式・配置・順序などがパターン化されたものです。それらに向かうエネルギーが非常に強く、その一方で、明確でない指示や抽象的な内容の物事ほど志向性が弱くなるという特徴があります。

❺ 自分のやり方・ペースを最優先させたいという本能的志向が強い

　人は誰しも「自分のやり方や自分のペースを通したい」という気持ちを少なからずもっているものです。彼らはそれが本能的に特に強く、「100％そうでなければ自分の生命維持に直結する」というほどの危機感を抱くような部分をもっています。

❻ 感覚の過敏性が強く、自己防衛的な反応が出る

　自分を守ろうという反応が強く出てしまうため、逃げる・動かなくなる・叫ぶ・泣きわめく・暴れる・攻撃的になる・暴言や汚言などで予防線を張るなどの行動が出やすくなります。

▶ 低学年での関わり方のヒント

　前述したような特性を踏まえた、関わり方のヒントを紹介します。

❶「低学年のうちはこういうものなのだ」と割り切る

　低学年の担任の中には「小さいうちになんとかしておかないと将来困る」という使命感や、「周りの先生や保護者から、この子をなんとかしろと思われているのではないか」という焦りから、強引な関わりをしてしまう人がいます。その結果、より深刻な状況に追い込まれるケースが少なからず見られます。焦らずに「そういうものだ」と割り切ることが、気持ちにゆとりを与えてくれます。

❷ ときどき見せる、"周波数"が合うタイミングを楽しみに待つ

　授業や集団活動に全く参加しないという子はごくわずかです。ほとんどの子には、ときどきですが、参加したり交流できたりする場面が見られます。それはまるでラジオの周波数がしっかりと合ったような、そんな瞬間です。そのタイミングを心待ちにしてみましょう。

❸ うまくいく場面の中にある「手がかり」を分析する

うまく参加・交流できた場面の中には、その子を惹きつける手がかりや、活動とその子を結び付けるカギがあります。それを分析しましょう。授業の中で使った写真かもしれませんし、特定の友達かもしれません。その条件を次の活動でもそろえて、"周波数"が合うタイミングを意図的に作ってみましょう。

❹ こだわりを、クラスの活動に生かす

彼らのこだわりを、クラスのためになる活動に位置づけることも大切です。工作にこだわる子が、クラス全員からリクエストされたものを教室内で作ることから始めて、授業に参加できるようになったというケースがあります。また、授業中に、自分の知識を生かせるような役割を与えられたことで、スムーズに教室に入れるようになったというケースもあります。

POINT

幼児期から小学校低学年にかけて、集団行動が著しく苦手で、やりたいことを制止されるとかんしゃくを起こす子どもがいる。短期的に問題を解決しようとして無理な指導を続けると、たいてい失敗する。思春期や青年期に大きな混乱を来すケースもある。

背景にある特性を理解したうえで、無理せず、少しずつ折り合いをつけるための指導を粘り強く続けると、しだいに態度が柔軟になってくる。

背景にある六つの特性を踏まえ、関わり方の四つのヒントを示した。これらをもとに長期的な視点で関わることが大切になる。

言葉よりも先に手が出る子

▶ なぜ、たたく・蹴る行動に対する指導が難しいのか

　自分の思いどおりにならなかったり、気に入らないことがあったりすると、衝動的に相手をたたく・蹴るなどの行為に出てしまう子どもがいます。なかには、八つ当たり的に無関係な子どもを狙う場合もあります。そうした子たちに、どのような指導をしていますか？

　一般的には、以下のような指導が多いのではないでしょうか。

- 厳しく叱る。
- 二度としないように約束させる。
- 繰り返し、よく言い聞かせる。
- 「暴力は犯罪だ」と伝える。
- 「たたかれた相手の気持ちに立って考えなさい」と叱る。
- 「今度もしたたくようなことをしたら、教室や学校から出ていってもらう」と脅す。
- 保護者を呼び、家できつく言い聞かせてもらう。

　ところが、これらの指導は子どもの行動の改善には、なかなかつながりません。というのも、これらはすべて、「たたかないでいること、蹴らないでいること」を目ざす「我慢」型の到達目標を設定したものだからです。

　結果的に、「今日は何もやっていないよね？」という「監視」型のアプローチを取らざるをえなくなり、先生と子どもの間の信頼関係はどんどん損なわれていきます。

　「マイナスをゼロにする」という発想のもとでは、ゼロである状態は、別の言い方をすれば「当たり前の状態」になってしまうため、達成できたとしても大してよい評価を得ることができません。そのため、「たたかないでいられた」ことについての振り返りもないがしろになってしまうのです。

▶ すぐに手が出てしまう子どもの背景を考える

あらためて、言葉よりも先にたたく・蹴るなどの衝動的な暴力行為が出てしまう背景要因を考えてみましょう。

① たたく・蹴る以外の行動を獲得していない段階にあるため、パターン的にたたく・蹴るが出てしまう（代替行動の未学習）。
② 過去に、たたく・蹴るなどの行動でうまく乗り切った経験があり、それが継続したために出てしまう（誤学習）。
③ 言葉で自分の気持ちを伝えたり、相手の返答や反応を待ったりするスキルが乏しい（対人スキルの乏しさ、実行機能の弱さ）。
④ 相手の都合を尋ねるスキルが乏しく、発揮できていない（対人スキルの乏しさ）。
⑤ 相手が自分の要望を承諾してくれたときにお礼を言ったり、相手から断られたときに気持ちを切り替えたりするスキルが乏しい（その場にふさわしい行動の未学習）。
⑥ たたいたり、蹴ったりしたときと、その場にふさわしい行動が取れたときの「結果の違い」が予測できていない（近い未来の予測や経過の見通しの乏しさ）。

これらの背景を踏まえれば、周囲が「暴力」と見なしてきたその子の行動は、実は「その場で取るべき行動レパートリーの乏しさ」に由来する「適切な行動のエラー」であると捉え直すことができそうです。

▶ 改善には、段階的かつ具体的な指導を！

衝動性が高い子どもが本当に必要としているのは、マイナス行動の「我慢」ではなく、代替行動の「学習」です。これは、今、自分が取っている行為の代わりになる行動を、学習によって獲得していくという考え方です。

前述のとおり、「暴力で解決しようとする」ということは、裏を返せば、「暴力以外に解決できるすべをもたない（未学習）」または「暴力で要求などが通った経験しかない（誤学習）」ということになります。そこで、「未学習部分の獲得」と「誤学習の修正」を目標にして指導に当たります。

学習は、求めるレベルが高くなりすぎるとうまくいきません。段階的かつ具体的に、一歩ずつ進めていきます。

まずは「人をたたく・蹴るよりも、机を
たたく・椅子を蹴る・壁を殴るほうがよい。
人に危害が及ばないように」と伝え、机を
たたくなどの練習をします。この練習を
「リハーサル」とよびます。リハーサルに
付き合ってくれるようになれば、その子と
の信頼関係が築けてきたことの証です。

　次の段階では「物に当たるよりも、自分の手のひらをパンチしたり、地面を何
度も踏みつけたりするほうがよい。物が壊れたりしないように」と伝え、また手
のひらへのパンチなどの練習をします。

　さらに次の段階では、「手のひらパンチや地団駄を踏むよりも、"悔しい！"な
どと叫ぶほうがよい。攻撃的でなく見栄えがよいし、人も物も傷つかない」と伝
え、悔しい！と叫ぶ練習をします。

　声で表現できるようになったら、声の大きさや威圧的にならないような言い
方・トーン・表情を学習する段階に入ります。大人がモデルを示しながら練習し
ます。これを「モデリング」といいます。練習でうまくできているときは、肯定
的な評価を返します。これを「正のフィードバック」といいます。

　練習が十分に積めたら、実際にうまく立ち回れる場面を見届けるようにします。
これまでにない姿が見られたら、変化や成長を一緒に喜びましょう。

　具体的なステップを踏んでいくと、たたく子・蹴る子は、実は「見込みがある
子」だったのだということに気づかされます。暴力的な行為に対し、ただただ叱
るだけだった指導を見つめ直してみませんか。

POINT

たたく・蹴るなど、言葉よりも先に手が出るという行動に対する指導では、「たた
かないでいること、蹴らないでいること」を目ざす「我慢」型の目標が設定されてい
ることが多い。しかし、このやり方では、目標を達成したとしてもいわば当たり前
と見なされてしまうため、なかなか行動の修正につながらない。

たたく・蹴るなどは、これまでは「暴力」と見なされることが多かったが、実は「そ
の場で取るべき行動レパートリーの乏しさ」に由来する「適切な行動のエラー」であ
ると捉え直すことができる。

段階的かつ具体的な指導を進めていくと、変化や成長につなげることができる。

⑧ 感受性が強く、繊細で、人一倍敏感な子（HSC）

この節で取り上げるのは、感受性が強く、繊細な一面がある子についてです。近年、アメリカの心理学者、エレイン・アーロン (Elaine Aron) 先生が「HSC＝Highly Sensitive Child」という考え方を提唱し、明橋大二先生が「ひといちばい敏感な子」と翻訳して紹介しています。

情報や刺激への感受性は個人差があります。何か起きてもそれほど気にしないタイプもいれば、必要以上に強く物事を受け止めてしまうタイプもいます。

教師になるには前者のタイプのほうが向いていると思います。日々、さまざまなことが起きる学校という現場においては、それらをいちいち気にしていて、落ち込んだり、後に引きずったりしていては務まりません。早く切り替えられる人のほうが向いています。

しかし、世の中には後者の特性をもつタイプの人もいます。前者のタイプの教師が後者タイプの子どもの担任になる場合は、その理解に特に細心の注意を払う必要があります。なぜなら、「単なる気持ちの問題」とか「気のせい」、「そのうちよくなる」といった言葉で簡単に片づけてしまうことが少なくないからです。

▶ 内面世界を理解することからはじめよう

人一倍敏感になりやすい領域・内容は、状況・感覚・相手の気持ち・生活リズムや物事の受けとめ方など多岐にわたります。

❶ 些細な変化にもよく気がつき、その変化が苦手

- ・驚かされることが苦手
- ・すぐにビックリする
- ・避難訓練やサイレン、非常ベルなどを怖がる
- ・いつもと違う雰囲気・におい・人の動きに敏感に反応する
- ・細かいこと（人の外見の変化、物の移動など）によく気づく
- ・クラス替えや転入学などの大きな変化にうまく対応しきれない

・慎重で、石橋をたたいて渡るようなところがある

・人前での発表が苦手（視線を過度に意識し、緊張してしまう）

・刺激に影響を受けやすく、すぐに疲れてしまう

❷ 感覚の過敏（特に触覚・痛覚・嗅覚・視覚・聴覚）が強い

・服の布地がチクチクすると感じる

・靴下のゴムや縫い目や服のタグ・ラベルなどが当たるのを嫌がる

・靴の中に入った砂を極端に痛がる

・服がぬれると、すぐに着替えたがる

・糊や絵の具や砂がつくとすぐに洗いたがる

・痛みに敏感である

・注射を嫌がる

・洗髪・散髪・耳垢とり・爪切りなどを嫌がる

・くすぐられると苦しがるくらいに笑ったり泣いたりする

・雷が怖い

・小さな虫でも大騒ぎする

・外に出るだけで疲れる

・匂いに敏感

・空腹や眠気で誰も手がつけられないくらい荒れる

❸ 相手の心や場の空気をよく読む

・親の気持ちをよく読む

・大人の対応の原因を「自分のせい」「自分が悪いから」と自分を責めてしまう

・誰かが辛い思いをしていることにすぐに気づき、時に自分も苦しくなる

・他者の気分に影響されやすい

　（沈黙やため息、眉をひそめるような表情の人がそばにいると不安になる）

・ものすごく人に気を遣う

・否定的な言葉に落ち込みやすい

・悲しいニュースなどでも気分が落ち込む

・自分よりも弱い人にやさしい

・平和主義

④ 認知面で優れた部分がある

- ・年齢の割に難しい言葉遣いをする
- ・ユーモアのセンスがあり、場を和ませようとする
- ・直感力にすぐれている
- ・知的好奇心が高く、「なぜ」「どうして」と多くのことを質問してくる
- ・大人が考えさせられるような深い質問をしてくる
- ・思慮深く、ものごとを深く考える

⑤ 豊かな想像力、内面世界を持っている

- ・ときに空想にふけることがある
- ・美術や芸術に深く心を動かされる

⑥ 生活リズムへの影響が大きい

- ・興奮したり、落ち込んだりすると夜なかなか寝つけなくなる
- ・静かに過ごすことを好む
- ・うるさい場所、騒々しい空間が苦手

⑦ 一度決めると、なかなか変えられないところがある

- ・完璧主義なところがある
- ・白黒はっきりさせたい気持ちが強く、なかなかグレーを認められない
- ・正義感が強い（相手のズルいところなどが許せない）

⑧ シングルタスクで、多くを受けとめきれない

- ・たくさんのことを求められると混乱したり、パニックになったりする
- ・臨機応変な対応が難しい
- ・失敗体験に弱い

▶ どのように受けとめるか

　HSCの特性がある子どもを輝かせるためには、その慎重さや共感性や感受性を理解し、その内面世界を言葉で代弁（または翻訳）してあげながら、成功体験を積ませることが不可欠です。

例えば、以下のような関わりが求められます。

・普段から穏やかな口調・表情を心がける
・指示や説明を多く伝えないようにする
・その子のペース、いいところ、興味・関心から関係づくりを始める
・警戒心が発揮されているときは、無理強いせずに、スモールステップで進める
・「この子にはこの子の世界がある」と本人の感じ方を信じる（大げさとか、うそを言っているとか、面倒くさいといった気持ちをもたないようにする）
・大きな集団が集まる場や初めての活動のときは、遠巻きの参加を認める
・クラス替えなどの際は、十分に本人に説明をする（不登校などのきっかけにもなりやすい）
・人前での発表では、部分的な参加を認めたり、失敗しないやり方（例えば、メモを見ながらの報告や、自分の席からの発表など）の提案などを行ったりする

クラスの中にいる子どもや、または学校に来ることが難しい子どもの理解に、この「HSC」の考え方がヒントになることを切に願います。

POINT

情報や刺激の受けとめ方は、個人差がある。敏感に感じ取る特性として、近年、「HSC（Highly Sensitive Child　人一倍敏感な子）」という考え方が提唱されている。

HSCの特性をもつ子どもの内面世界はとても豊かで、相手の気持ちを鋭く読み取ってしまうところもある。担任として関わる際は、ものごとの受けとめ方の深さや複雑さを認めることが大切である。

関わりのコツとしては、慎重さや共感性や感受性を理解し、その内面世界を言葉で代弁（または翻訳）してあげながら、成功体験を積ませることが不可欠である。

第 **3** 章

ほめ方・叱り方・認め方

① 「お試し行動」に振り回されないために

　「お試し行動」は、新任・若手の先生方や支援員・介助員さんがターゲットになりやすいこととして知られています。日々の指導や子どもとの距離感などを振り返りながらお読みいただくと、理解しやすくなると思います。

▶ 「お試し行動」とは

　「お試し行動」とは、追いかけてもらいたくて逃げたり、隠れたり、暴力的に振る舞ったり、駄々をこねたりするような行動です。嫌がることをあえて繰り返し、大人の顔色をうかがい、どんな反応をするか試すような挑発的な態度を示すこともあります。

　時折、子どもが度を過ぎたいたずらや、むちゃくちゃなわがままを示したりすることがあります。その場で座り込んだり、床に寝そべったり、たたくそぶりや目を突いたりするまねをしたり、靴を投げてみたり……。「ダメ」と言われるようなことをわざとするといったときには、「お試し行動」と考えてよいでしょう。その行動の背景には、「どこまで許してもらえるか」という愛着の確認という側面があると同時に、行きすぎたときには、大人から毅然と「ダメ！」というサインを出してほしいという期待の側面があります。そのため、ベタベタと甘えてくる姿と、あえて不適切な行動をとる姿が混在するケースが少なくありません。どちらも、「大人の気を引きたい」という気持ちが根底にあります。

　多くの場合、これは大事な人との関係を育てるための行動であり、このやり取りを通して信頼感が芽生えます。「今の行動はいいんだよね」とか「今のは、ちょっとやりすぎだったよね」と大人の反応を見ながら行動の善し悪しを確認しているのです。そのため、無視したり、邪険に扱ったりせず、大人として振る舞うようにするのが大切とされています。

▶ ターゲットになりやすい人

　「大人として振る舞う」というのは、お試し行動にいちいち動揺したり、表情

に焦りや困惑の気持ちを出したりしない、ということです。慌てず、騒がず、冷静に対処する……これが大人としての振る舞いです。堂々としている大人、毅然と振る舞える大人には、子どもはめったにお試し行動は示しません。

ところが、お試し行動に振り回されてしまう新任・若手の先生方、支援員・介助員さんが少なからずいます。特に、優しいイメージを与える先生、子どもの気持ちに寄り添いすぎてしまう先生は、要注意です。見捨てない相手や安心感のある相手、優しくハート・ウォーミングな大人であるほど、この行動が特に強く出ることが多く見られます。年齢が近い新任・若手教師や、立場上そばにいることが多い支援員・介助員などは、格好のターゲットになります。表情に動揺が出てしまう先生や、瞬時の判断が苦手で迷いが生じてしまう先生などは、年数的にはベテランの域に達していたとしてもお試し行動が向けられやすいので、十分注意が必要です。

▶ 良い関係性づくりをしましょう

お試し行動への一番の対処法は、主導権（イニシアチブ）を握るということです。これは子どもに対して威圧的に対応するということではありません。先輩教師の中には、「ガツンと言えばよい」「ナメた態度を取ったら叱りつければよい」といった、教育者としてふさわしくないアドバイスをされる方がいるかもしれませんが、これは、子どもを怖がらせているだけであって、ラポール（信頼関係）に基づく関係づくりができているわけではありません。

本当の主導権とは、子どもが先生との関係性（先生に主導権があり、この先生を頼りにすると良いことにつながる）を理解し、子どもから「○○してもいいですか」と許可を求めるような関係になること、そして教師が「どうぞ」と伝えてから行動できるような関係になることです。こうした場面をたくさんつくれるようになることを目ざしましょう。

合言葉は、「堂々と毅然と穏やかに」「焦らず慌てず諦めず」です。

POINT

主に、新任・若手教師、支援員や介助員、ハート・ウォーミングな大人をターゲットにした「お試し行動」という行動がある。

大人として振る舞うことで、「お試し行動」は漸減または消去できる。

「堂々と毅然と穏やかに」「焦らず慌てず諦めず」を基本とした関わりが求められる。

第**3**章

ほめ方・叱り方・認め方

65

子どもの心に響くほめ方
その1

▶ ほめる前に確認しておきたいこと

　昨今の教育や子育てに関する本を見ると、おおむね「ほめて伸ばそう」と書かれています。発達障害の有無にかかわらず、ほめることはとても重要です。しかし、「ほめれば誰でも伸びる」かのような錯覚に陥っていることはないでしょうか。

　「信頼できる大人からほめられる」からこそ伸びるのであって、うわべだけでほめても子どもは素直には喜びません。ましてや、日ごろ威圧的・高圧的な強い指導をしていて、大人の期待に見合った行動のときだけほめるというような指導者のもとでは、「どうせボクたちを都合よく動かそうとしているだけだろう」と、子どもたちだってその意図を見抜いてしまうのではないでしょうか。

　また、子どもによっては「そこをほめられても、ちっともうれしくないんだよな～」という、ちょっとしたこだわりやプライドがあります。その子なりのほめどころを押さえるには、やはり日ごろからの良好なコミュニケーションが欠かせません。

▶ 効果的なほめ方は、短く・太く！

　最近の子どもたちの多くは、「ビジュアルラーナー（見て学ぶ人）」だといわれます。目で見て情報を理解する力にたけている一方で、話を長く聞いていることは苦手です。つまり、長くほめても聞いてくれていないのが普通なのです。子どもの心に響く効果的なほめ方の基本は「短く、太く！」です。具体的に考えてみましょう。

❶ 感動詞を使う

　「あぁ！（納得）」「いい！（同意）」「うーん（降参）」「えーっ！（驚愕）」「おぉ！（感嘆）」などの感動詞は、どれも短く・太くという条件を満たします。しかも、「あなたの発言や行動に心が動かされた！」という気持ちの変容をダイレクトに表現することができます。

❷ 問題のない行動のときは、すべて肯定する気持ちを伝える

　「それそれ！」「そのまま続けて！」「今のペースで！」など、子どもの今のふる

66

まいが適切であることを伝えたうえで、その行動を後押しする意図を伝えるようにします。

❸ 行動をそのまま2回続けて言う

「うん、書いてる書いてる」「おっ、読んでる読んでる」など、行動をそのまま2回続けて伝えるようにします。なぜかほめ言葉っぽく聞こえてしまうという、いわば裏技です。子どもたちには決してネタばらしをしないようにしてください。

❹ 形容詞を用いる

「（考えが）深い」、「（見方が）鋭い」「（器が）大きい」「（心が）広い」など、形容詞を用いることも、ひと味違うほめ方になります。

❺ 大人びた子どもには、難しめの言葉をあえて用いる

「秀逸」「卓越」「傑出」「絶妙」「圧倒」などの言葉をあえて用いることで、子ども扱いしていないことを伝えることができます。

❻ ノンバーバル（非言語的）なメッセージに気を配る

どんなほめ言葉も、機嫌のよい大人の表情にはかないません。柔和な表情、ぬくもりのある声のトーン、相手へのリスペクトを示す関わり、丁寧な所作、穏やかな立ち居ふるまい、落ち着いた身振り手振りなど、その人の醸し出す非言語的なメッセージは、子どもに安心感をもたらします。どうほめるかよりも、どういう大人でいるかを大切にしましょう。

POINT

ほめて伸ばすことはとても大切だが、その前提として、普段からの良好なコミュニケーションがないと空回りする。日常的に威圧的な指導を繰り返していて、大人の期待に沿うときだけほめるという指導者のもとでは、子どもたちもその魂胆を見抜く。

子どもの心に響く効果的なほめ方は、"短く・太く！"が基本となる。

柔和な表情、ぬくもりのある声のトーン、相手へのリスペクトを示す関わり、丁寧な所作など、その人の醸し出す非言語的なメッセージは、子どもに安心感をもたらす。

③ 子どもの心に響くほめ方 その2

▶ 不適切な行動を繰り返す子どもの場合

　赤坂真二先生（上越教育大学教授）によれば、暴言や汚言、無気力やふざけた行動など、目立つ行動を繰り返す子どもの場合、不適切な行動をあえてすることで「居場所づくり」をしていることがあると言います。それらの不適切な行動をいちいち取り上げて叱りつけてしまうと、その子の居場所はできません。

　そこで、不適切な行動以外の部分に着目するようにします。人は、どうしても相手の「できていない部分」に目が向いてしまう習性をもっているものです。まずは、「できていない部分」からは目を逸らし、叱らなければならないような行動以外はすべて「許せる場面」だと考えるようにしましょう。

　そう考えられるようになると、関わりのヒントを以下のように見いだすことができるようになります。

叱らなくて済む場面　＝　すべて「許せる場面」
≒　認めたり、ほめたりするチャンス

　もしかしたら、そんな場面は「できて当たり前だから」と見過ごしていたかもしれません。でも、その当たり前に見える行動の中には、子どもの立場からするとその子なりに苦労しながらやっていることもあります。「叱らなくて済む場面」を「許せる場面」とみなし、ためらわずに声をかけてみましょう。

　では、具体的にどんな声かけをするのがよいのでしょうか。特別支援教育に関する書籍を見ると、多くは不適切な行動を繰り返す子に対する関わり方のカギとして、やはり「ほめる」ことが強調されています。たしかに間違ってはいないのですが、その一方で、通常学級ではもっとがんばって適切な行動で「居場所づくり」を続けている子がたくさんいます。「そんながんばっている子どもたちを差

し置いて、ほめるわけにはいかない」という気持ちを抱く先生もいることでしょう。

　周囲の子どもたちの不公平感を生み出すリスクを冒すようなほめ方ではなく、適切な行動を始めた瞬間に「待ってた、待ってた！」「それだよ、それそれ！」といった声かけができる関係性になっていることのほうが重要です。この声かけであれば、周囲の子どもたちの反発もほとんど生まれないはずです。

　もちろん、それを言われる子どもの立場から考えると、いきなり「待ってた、待ってた！」と声かけされても何のことだかピンと来ません。

　実は、問題の本質は、適切な行動をしたときにどんな声かけをするかではなく、普段から「適切な行動で居場所づくりをするあなたを見たい！」という信頼のメッセージを送っているかどうかです。つまり、適切な行動をしたからほめるということよりも、普段からどう関わっているかを考えることのほうが重要なのだといえます。

▶ ほめ方の上級テクニック ——「時間差ほめ」

　前述のとおり、「人は、相手のできていない部分に目が向いてしまう習性をもっている」ものです。その証拠に、子どもを叱るときに、「そういえば、この前も……」と過去の過ちを持ち出してしまうことはありませんか。

　どうやら、相手のうまくできていない部分を無意識に記憶してしまうようなメモリが、私たちにはあるようです。そんなメモリ領域を叱るために使うくらいなら、逆の目的で使ったほうがコミュニケーションはもっと良くなると思います。

つまり、ほめるための材料を取っておき、あえてちょっと時間を空けてから使ってみようということです。これが「時間差ほめ」という上級テクニックです。

　「そういえば、あのときも君は○○してくれたね」
　「そういえば、この前もあなたは○○だったね」

と、あえて時間を空けてほめることで、子どもも「先生はやっぱり見ていてくれたんだ」という信頼感を強く抱くでしょうし、「大人の心に残ることをしたんだ」という自尊感情を高めることにもつながります。

そういえば、この前も片づけを手伝ってくれたよね

POINT

暴言やふざけた行動などの不適切な行動を繰り返す子どもについては、「叱らなくて済む場面」こそ「許せる場面」だと捉え直して、「認める・ほめるチャンス」につなげるとよい。

不適切な行動を取り続ける子どもへの関わり方のカギは、特別支援教育の分野でも「ほめる」ことだとされている。しかし、周囲の子どもたちに不公平感を抱かせないようなほめ方が求められる。

普段から「適切な行動をするあなたを見たい」というメッセージを送るような関係づくりをベースにし、適切な行動を取った瞬間にタイミングよく声かけができると、その子の心に響く。また、この声かけであれば、周囲の子どもたちの不公平感にはつながらない。

④ 子どもの心に届く叱り方 その1

▶「ほめる」重視の傾向が、「叱れない」を生み出した？

　続けて「叱る」ことも掘り下げて考えてみたいと思います。

　近年、教育・保育に関する雑誌では、たびたび「叱り方」についての特集が組まれています。これは、「ほめて認めて、子どもを伸ばそう」という論調の広がりに対する警鐘という意味もあるようです。

　たしかに、「ほめる」ことの大切さが広がるにつれ、教育現場では、子どもをどなりつけたり、理不尽にけなしたりといった場面は、以前（少なくとも筆者が子どもだった30年以上前）と比較して格段に少なくなりました。しかしその一方で、優しさばかりが先行してしまい、「肝心なときに子どもを止められない・はっきりと叱れない」教師・支援者が少なからずいるように思います。話を聞いてみると、「ほめて育てることが大切だと聞いたから」とか「叱ってはいけないと習ったから」という言葉が返ってくることがあります。なかには、「叱ると、子どもたちに嫌われてしまいそうで怖いので」と話す教師もいました。

　叱ることをいつまでもためらっていると、「好ましくない行動も、この先生なら見過ごしてもらえる」あるいは「この先生のもとでは許される」と誤解する子どもも出てきます。多賀一郎先生（追手門学院小学校）は、優しさと厳しさは両輪であり、優しい口調だけの先生は、何かのトラブルに対しての抑止力をもてないといいます。「叱れない」というのは、子どもたちの混乱を招くだけでなく、集団としての秩序の維持を難しくしてしまう危険性が高いのです。

▶ 叱るには「覚悟」「基準」「技術」が必要

　そうはいっても、「叱る」ということはとても大きな力をもっています。叱る行為を「劇薬」や「諸刃の剣」と表現する人もいます。残念ながら教師の中には、これを使い過ぎて感覚が麻痺してしまい、「こうすることが、唯一、子どもたちをコントロールできる方法なのだ」と勘違いしてしまっている人もいます。そこで、あらためて、子どもの心に届く叱り方の三つの条件を考えてみます。

　叱るには、第一に「覚悟」が必要です。

　例えば、飯村友和先生 (千葉県内公立小学校教諭) は「率先垂範してやっている教師の言葉だから響く」といいます。子どもたちにしてもらいたいことは自分もしている。そういう先生が叱るからこそ効果的なのであり、言っていることとしていることが違うのであれば、当然反発を生みます。

　また、山中伸之先生 (栃木県内公立小学校教諭) も「いざ叱ったりほめたりしたときに、どうして叱られたのか、どうしてほめられたのかという根本・本質・原点を伝える」といいます。叱るという手段にばかり目を向けるのではなく、子どもを育てるという本質が根底にあるかどうかがポイントだといえます。

　第二に、叱るには、明確でブレない「基準」が必要です。

　例えば、南惠介先生 (岡山県内公立小学校教諭) は、叱ることを「ラインを引くこと」と定義づけたうえで、「卑怯かどうか」(誰かに損をさせ、自分が得をする状況になっていないか) に絞り、さらにそれを子どもに予告しておくことで、納得させるといいます。

　また、宇野弘恵先生 (北海道内公立小学校教諭) は、「(1) ふさわしくない言動に対して、(2) 是が非でも分からせる必要があるとき」に叱るといいます。

　実践家として名を馳せた先生には、叱る基準をかなり絞り込み (多くても三つ程度)、しかも子どもに明確に示すという方がとても多いようです。

　加えて第三に、叱るには相当な「技術」が必要です。

　口調や声のトーン、スピード、表情など、叱るときの技術や「全体の前で叱らない」などの配慮も大切なのですが、実はもっとも重要なのが、叱った後の「フォ

ロー」の技術です。

　「悪い人間だからそうした、とは思っていない」「あなたが変わるきっかけになる」と期待を伝えることが、フォローの代表的な例として知られています。

　また、叱りっぱなしで終えるのではなく、適切な行動モデルを示して子どもに実際にロールプレイさせたり、その後の姿や変化を認めたりすることも大切です。こうした他の教育行為とつなげることもフォローに含まれます。

あなたが
変われる
いいきっかけに
したいね

　子どもの"心に届く"叱り方を実現するためには、「覚悟」をもつこと、「基準」を示すこと、「技術」を磨き続けること、という三つの条件が不可欠です。換言すれば、これら三つの条件を満たす教師が叱るからこそ、初めて子どもたちは"心を開く"ようになるといえるのではないでしょうか。

POINT

「ほめて認めて、子どもを伸ばす」ことは大切だが、その論調に偏りすぎると、「肝心なときに子どもの行動を止められない」教師・支援者が登場することもある。抑止力のない教師・支援者のもとでは子どもたちも混乱し、集団としての秩序の維持が難しくなる。

「叱る」行為は非常に大きな力をもっている。そのため、それだけに頼ると感覚が麻痺し、「叱ることや強い指導を行うことが、教師が子どもをコントロールする唯一の方法」であるかのように誤解してしまうことがある。

子どもの心に届く叱り方を実現するためには、「覚悟」「基準」「技術」の三つの視点で考えることが必要である。

⑤ 子どもの心に届く叱り方 その2

▶ 基礎・基本を踏まえずに「達人ワザ」に挑むと空回りする

前の節では、子どもの心に届く叱り方を実現するために、「覚悟」をもつこと、「基準」を示すこと、「技術」を磨き続けること、の三つが不可欠だという話をしました。

しかし、前の節で紹介した「覚悟」「基準」「技術」のエピソードのほとんどは、実は優れた実践家が長年の指導経験を踏まえて築き上げてきた、いわば「熟達者の達人ワザ」とでもいえるようなレベルの話です。もし経験が十分でない教師がそのまま実践すると、「同じようにしたのにうまくいかない」「かえって、子どもや保護者からの不満や不信感をあおってしまった」などのような「空回り」を引き起こしてしまうという現実に直面するかもしれません。

そこでこの節では、叱り方の基礎・基本を整理したいと思います。

▶ 叱ることの基本は、「子どもの行動を止める」こと

叱り方の基礎・基本について、私は「乳児期（0歳児）から幼児期までの段階的な接し方を参考にして、その子どもの実態に合わせて使うこと」と説明しています。

❶ 0歳から1歳前半までの発達段階＝1語文で叱る、行動を止める

この時期の子どもは、言語理解そのものが未熟です。叱るとき、言葉は1語で伝える必要があります。具体的には、「ダメ！」「メッ！」「イタイイタイ！」「エーンだよ！」「アチチね！」などが挙げられます。言葉で行動を制止することが難しい場合は、身体ごと止めます。そして、理解しているか確認します。

例えば、触っては危険だという物が目の前にあったときに「触っちゃダメ！」と行動を止めた後に、その子の手を取って「触ってみるかい？」という誘導をし

ます。そこで子どもがすかさず手を引き戻したり、「メッ」と言ってくれたりしたら、すぐに「そうだよ。よくわかっているね」と伝えます。仮にそのまま触ってしまうようであれば、やはり「メッ」と伝えて繰り返し教えます。

❷ 1歳後半から2歳頃の発達段階＝次に取るべき行動を具体的に指示する

この時期の子どもは、2語文〜3語文で話すようになります。ですから、叱るときも2語文・3語文で伝えることが効果的です。例えば、友達のおもちゃを取ったときなどに「これは〇〇ちゃんの！　返します！」と伝えます。次に取るべき行動を、具体的・直接的に指示する叱り方です。

この時期は、「〇〇したい」という自我の芽生えによって自分の思いが強くなる時期（いわゆる「イヤイヤ期の初期段階」）です。一度で言うことを聞かせようとせず、繰り返し伝え、「我慢の力」を育てる段階といえます。

大人に言われてしぶしぶ返すというのでも「我慢できた場面」だと評価しましょう。我慢は「すんなり諦める」ことではなく、「折り合いをつける」という主体的な行動です。

❸ 3歳前後の発達段階＝子どもがイメージできるように伝える

3歳前後は、経験から学べるようになる段階で、なおかつ言語・コミュニケーション面でも著しい発達を見せます。

この時期の子どもは「象徴機能」における成長が特徴的です。象徴機能とは、「『赤信号』を見たら『止まる』」など、現実にはその場にない物事・行動を「他のもの」に置き換えて表現する働きのことをいいます。象徴機能が発達するからこそ、見立て遊びやごっこ遊びが可能になります。したがって、子どもがイメージできるように叱ることが求められます。

例えば、「砂は投げちゃダメ。目に入ると痛い」「それをしたら、後で〇〇をできなくなるよね」「本当は仲良くしたかったんだよね。こんなことするつもりはなかったでしょう」などと伝えます。

本当は仲良くしたかったんだよね

どこまでやれば叱られるか、わかっていて試すような子どももいます。頭ごなしに叱ることは、この段階から、もう難しくなります。

④ 4歳前後の発達段階＝他者の心に関心を向けさせる言葉で叱る

4歳前後になると、他者の気持ちや他者からの視線が理解できるようになってきます。叱る際には、他者の心に関心を向けさせるような言葉で伝えるようにします。

例えば、「そんなこと言われたら、先生は悲しいな」といった「I（アイ）メッセージ」での叱り方や「そんなことすると、恥ずかしいよね」という他者視点に立った言葉が通じるようになる段階です。

⑤ 5歳前後の発達段階＝叱る理由を明確に伝え、納得を引き出す

5歳前後になると、欲しいものがあっても「お年玉で買おうね」「誕生日まで我慢できるね」などというように、かなり先のことへの見通しが立つようになってきます。つまり、因果関係や物事の経過が理解できるようになるということです。

これから起こることも予測できるようになる段階です。叱る理由を明確に伝え、子どもの納得を引き出すようにします。

例えば、意図的ではない偶発的なハプニングであったとしても、友達の作品を壊してしまったとしたら、「これは、〇〇ちゃんが一生懸命作ったんだよ。〇〇ちゃんに正直に話して、謝りましょう」と伝えるようにします。

そのときもし、「でも、わざとじゃない」という言葉が返ってきたら、5歳レベルで対応するのではなく、4歳レベルに下げて「わざとじゃないよね。でも、壊された〇〇ちゃんは悲しいよね」と伝えるようにします。

　ここまでに示した五つの叱り方は、乳幼児への関わりをヒントにしていますが、乳幼児だけを対象とするわけではありません。学齢期・思春期の子どもたちに関わる場合にも、こうした基礎・基本を踏まえ、そのうえで「熟達者のワザ」に学ぶことが肝要だと思います。

▶ 叱り方の基礎・基本は、ほとんど議論されてこなかった

　この節では、叱り方の基礎・基本についてまとめました。

　オリンピック選手やその道のプロフェッショナルの技術をそのままビギナーがまねしてもうまくいかないように、物事には基礎・基本・応用という順序があります。叱り方にも基礎・基本があり、それを飛び越していきなり前の節で紹介したような応用編に挑もうとするのは無謀だと思います。

　残念なことに、叱り方の基礎・基本は、これまで学校現場でほとんど議論されてきませんでした。特別支援教育に携わる立場から言わせていただければ、一足飛びに「応用編」が語られていることに違和感を覚えずにはいられません。

　これは学校教育の場に限ったことではありません。家庭での子育てや保育・幼児教育の場においても、叱り方の基礎・基本はほとんど整理されていないのが現状です。

　こうした基礎・基本がなかば棚上げにされたままの状態であるにもかかわらず、年配者が「叱るべきときは叱らねば！」と若手教師や子育て中の保護者に突き付けるのは、かえって「どう叱ればいいのかわからない」というとまどいを引き起こすだけなのではないでしょうか。

POINT

子どもの心に届く叱り方をするためには「覚悟・基準・技術」が必要だということを前回整理したが、これはいわば、プロフェッショナルの「達人ワザ」「応用編」であり、経験が十分でない教師がそのまま実践すると「空回り」することがある。

叱り方の基礎・基本を整理すると、0歳～5歳までの乳幼児期段階の接し方にヒントを得ることができる。

現状では、叱り方の基礎・基本はほとんど議論されていない。年長者が「叱るべきときは叱らねば！」などと若手教師や保護者に突き付けることは、かえって「どう叱ればよいのかわからない」というとまどいを引き起こすだけである。

⑥ 「作戦ゴリラ」

　クラスでは、毎日さまざまなことが起きます。いや、むしろ起きて当然です。理由は二つあります。

　第一に、「同年齢の集まりであり、人生哲学にたけた経験豊富な年長者は、そこにはいない」ということです。社会を構成する力が未熟な状態の人たちが同じ空間にいるわけですから、トラブルが起きても不思議ではありません。

　第二に、「そのクラスに自ら望んで所属しているわけではない」ということです。クラス分けは、大人側の都合で行われます。子どもたちは心の中では、「〇組がいい」「Aさんと同じクラスがいい」「B先生が担任するクラスがいい」と思っていても、そのとおりにはならないことを知っています。したがって、帰属意識が希薄な状態（場合によっては、帰属意識がゼロの子もいます）から、クラスづくりをスタートしなければなりません。

　意見のぶつけ合い。本音での勝負。自分の主張だけが正しいと思う。加減を知らないがゆえに言いすぎたり、やりすぎたりする……。どれも、未熟で帰属意識が乏しい状態にある子どもたちの社会ならば、ごくごく当たり前に見られることです。

　だからといって、トラブルをそのまま放置してよいということにはなりません。円滑なコミュニケーションの具体的な方法を伝えていくのも、年長者たる教師の役割の一つだと思います。

では、円滑なコミュニケーションとは、どのようなものでしょうか。まず、大人の世界におけるコミュニケーションを考えてみます。

▶ 誘い上手な人は「〇〇〇〇」が多い

「今日は金曜日だし、ちょっと一杯飲んでいこうか」。大人の世界ではよくある光景です。誘い上手な人は、相手から断られてもめげません。かといって強引に誘うわけではありません。誘い上手な人は、「すぐ近くだから……」「30分だけで……」などと距離や時間のお手軽感を伝えたり、「旬の食材が……」「きみにピッタリのお店で……」と魅力を伝えたりします。

つまり、誘い上手な人は、誘い文句の「引き出し」が多いのです。場合によっては、「今日が無理なら、いつにしようか」と別の日程の予約を入れるという引き出しを使う人もいます。

「行動や言葉の引き出しを増やす」ことが、クラス内の円滑なコミュニケーションにつながるといえます。

▶ 断り上手な人は、悪くもないのに「〇〇〇〇〇〇」と言える

誘われた側にも、断り上手な人と断り下手な人がいます。断り上手な人は、「ごめんなさいね。実は今日は……」と、悪くもないのに謝って、その後に理由を告げるようにしています。

断り上手な人は、言われる相手の気持ちを考えて、自分の都合をやんわりと伝える努力をしています。つまり、断り上手な人は、悪くもないのに「ごめんなさい」と言えるのです。

クラスの中には、「オレは悪くない。だから謝る必要がない！」と言い張る子どもがいます。もちろん、そうした主張を通さなければならない場合もあります。そんな気持ちに寄り添いつつ、その一方で、お互いにWIN-WINの関係を保つには、気軽に「ごめん」「ごめんね」と言い合えることも大切にしたいものです。

▶ 実践！「作戦ゴリラ」

大人は上述のようなコミュニケーションスキルを、日常の経験の中から学び取ります。これを、子どもたちにもわかるように、上手に伝えていくアイデアがあります。その名も「作戦ゴリラ」です！

ゴ：「ごめんね」
リ：理由を言う
ラ：相手（または互い）にラッキーな提案を付け加える

ゴ　ごめんね

リ　理由を言う

ラ　相手にも自分にも
　　ラッキーな提案

　これは、自他調和や歩み寄りを大切にする「アサーショントレーニング」にヒントを得て考えたものです。アサーティブな自己表現では、意見や考えの食い違いが起こったときに、お互いの意見を出し合って、譲ったり、譲られたりしながら、双方にとって納得のいく結果を出そうとします。

　このような表現のしかたを、子どもたちにも素直に受け入れてもらいたくて、「作戦」という言葉を使い、また、三つのアクションの頭文字を取って「ゴリラ」としてみました[※1]。

　例えば、隣の席の子に消しゴムを借りたいときには……
　　ゴ：「ごめん、消しゴム貸して」
　　リ：「今日、忘れちゃって」
　　ラ：「使ったらすぐに返すから」

　頼まれたけれども、その消しゴムを貸せないときには……
　　ゴ：「ごめんね。貸せないんだ」
　　リ：「一つしか持っていないし、けっこう使うから」
　　ラ：「でも、わたしが使っていないときならいいよ」

　「作戦ゴリラ」は、これまで、たびたび講演などで紹介してきましたので、実践の輪が広がりつつあります。例えば、荒畑美貴子先生（特定非営利活動法人TISEC理事、元・東京都公立小学校主任教諭）は、これを道徳の授業に実践的に組み込

んでご活用されています（実践の詳細な内容は、株式会社内田洋行 教育総合研究所のサイト「学びの場.com」内の「授業実践リポート」で紹介されています）。

　冒頭でも書いたように、クラスでは毎日さまざまなことが起きます。ということは、指導のチャンスは至るところに転がっているともいえます。結局のところ、クラスで起こったトラブルを、指導に生かして大きな可能性につなげられるのか、それともスルーしてチャンスを逃すのかは、教師がアンテナを高く保てるかどうかで決まるのです。

　そのように考えると、やはり教師の役割はとても大きいということです。私は最近、自戒を込めて、「一人の教師、無数の使命[※2]」を座右の銘にするようになりました。

※1　「作戦ゴリラ」は、阿部利彦先生（星槎大学大学院教授）のご講演にヒントを得たものです。阿部先生は、当時、AKB48の篠田麻里子さんの歌のタイトルをもじった「ごめんね、マリコ」と紹介されていました（「マ」：まず、謝る。「リ」：理由を言う。「コ」：「これならどう？」と提案する）。

※2　前任校の青山特別支援学校からすぐのところに、伊藤忠商事の本社ビルがありました。会社のコーポレートメッセージを「一人の商人、無数の使命」とされていて、すてきだなと思い、「教師」に置き換えています。

POINT

クラスで毎日のように起きるトラブルは、円滑なコミュニケーションのスキルを指導する絶好のチャンスになる。

円滑なコミュニケーションのヒントは、大人の日常から得られる。例えば、誘い上手な人は誘い文句の「引き出し」が多い、断り上手な人は、悪くもないのに「ごめんなさい」と言えるなど。

指導に生かせるかどうかは、教師がアンテナを高く保てるかどうかにかかっている。

子どもの「負の部分」に 目が向いてしまうときに

▶ 変わらない意識

2007年度に通常学級での特別支援教育の制度が始まって、すでに10年以上が経過し、時代は令和に入りました。この期間の学校現場の全体的な意識の変化を、私は肌で感じてきました。しかし、まだまだ特別支援教育が始まる前とほとんど変わらない意識の先生に出会うこともあります。

例えば、つまずきのある子に対して「この子はほめどころがない」と言い切る先生がいます。また、教育相談や特別支援教育についての相談票に「○○できない」「○○しようとしない」という言葉を並べる先生もいます。

子どもの実態を整理するときに、できないことや難しいことなどの負の部分（影の部分、ネガティブな部分）の情報ばかりを集めてしまうのは、もしかしたら「苦しい状況の中で何とか打開策を見いだしたい」という気持ちからくるものなのかもしれません。しかし、その多くから、本音の部分で「早く自分にとって好都合な状況を作り出したい」という教師の焦りがうかがえます。

▶ ポジティブな視点

このような、相手に対するネガティブな見方こそが、かえって大人も子どもも苦しませてしまう要因であるように思います。

子どもが問題を起こすことを前提に関わる先生は、何かあるごとに「またお前か」とぼやきます。何もないときですら「今日は何もしていないな、よしよし」などと、子どもの気持ちを逆なでするような不用意な言葉かけをしてしまうことがあります。これでは、子どもたちだって「あの先生は、自分のことを信用していない」と思うはずです。

これは大人にもいえることです。上司や先輩から「ほめるべきところがない」と言われたら、その人のもとで働くことが嫌になってしまうのではないでしょうか。

大切なのは、うまくいかないとき、難しいとき、課題が大きいときほど、相手のポジティブなところを見逃さないようにする、ということです。

例えば、「ほめどころがない」と思われる子であれば、叱られるようなことをしていない場面はすべて肯定的に見てあげる。「○○できない」という言葉が並んでいた子であれば、それと同じ数だけ「できている」ことを探す。このような「ポジティブな子ども理解の視点」こそが、問題解決の糸口となることが少なくないのです。

がんばってるね

▶ 柔軟に変化できる教師

通常学級での特別支援教育を考える場合、「通級による指導を勧めたいのだがどうすればよいか」とか「学習支援員をつけたいのだが対象となるか」など、制度をどのように活用するかが議論の対象になりがちです。

確かに、そうした制度が、対象となる子どもの学びの充実のために必要なこともあります。しかし、制度の活用の前にやらねばならないこと、それは教師自身が変わることです。視点を切り替えてポジティブに子どもを見ることは、その第一歩だといえます。

私の経験では、教師というものは、経験年数が長くなるほど自分を振り返ることが苦手になっていくように感じられます。新任・若手の先生方には、子どもの負の部分に着目してばかりの先輩教師の姿は「反面教師」にして、柔軟に自分を変えていける教師になっていってもらいたいと切に願います。

POINT

子どもの「できないこと」などの負の部分の情報ばかり集めても、決して解決の糸口は見いだせない。そうした見方は、教師の焦りの裏返しであることが多い。

子どもが問題を起こすことを前提に関わる大人は、子どもから信頼されない。うまくいかないとき、課題が大きいときほど、その子のポジティブな面を見逃さないようにするとよい。

特別支援教育の制度の活用を考える前に、まずは自分の見方を見直し、「ポジティブな子ども理解の視点」に立ってみよう。

⑧ 「してほしいこと」を伝える

▶ 「してほしいこと」を具体的に伝える

どの教師にも「信条」というものがあります。これは言い換えれば、理想とする子ども像や理想とする学級の姿を描いているということでもあります。

ところが、その理想像を目ざす気持ちが強くて揺らがないものであればあるほど、許容や寛容の幅が狭くなるものです。理想とかけ離れた姿を見ると、「〇〇できていないことが許せない」という気持ちが生まれやすくなります。

それが結果的に、「〇〇してはいけない」という禁止事項を増やして子どもをルールで縛ったり、まるで警察官の取り締まりのような「〇〇しないはずだったよね」といった指導で子どもの素直さを失わせてしまったり……ということにつながってしまうことがあります。

「してはいけないこと」をいくら伝えても、子どもたちが自ら行動を修正しようとする意欲にはつながりません。それどころか、かえって先生の顔色をうかがうことばかりを覚え、「先生が見ているかどうか」をよりどころにするなどの誤学習（本来指導したかったこととは違った方向性に学びを進めてしまうこと）に陥ることがあります。

行動の修正を期待するときほど、「してほしいこと」を肯定文で、具体的に、伝わるように話す。これが本当の指導です。

▶ 叱られている理由が本人に伝わっているかが重要

「もっと厳しくしないと子どもは伸びない」とか「特別支援教育は甘やかしだ」という気持ちを心のどこかに抱く教師は、今も少なからずいるようです。

もちろん、厳しさの中で学ぶこともあるでしょう。また、甘えが本人の成長を妨げているのであれば、あえて一度突き放すことが必要な場面もあるかもしれません。

しかし、ただ「ダメなものはダメ」と強く言うだけの指導では、本人にその理由が伝わりません。これでは、学校はうまくいかないことを突き付けるだけの場所でしかなくなってしまいます。重要なのは厳しいかどうかではなく、本人が叱られる理由を理解できているかどうかです。

あらためて、「教育現場だからこそできる支援」とは何でしょうか。それは、子どもたちに「できた、わかった」という達成感や自信をもたせ、「仲間に囲まれることが好きだ」と実感させることだと思います。

▶ 「してはいけないこと」を集めてしまうのは学校文化か？

「してはいけないこと」ではなく「してほしいこと」を伝える。これは、特別な支援を必要とする子どもに対してだけではなく、全ての子どもたちにとって効果的なことだとされています。

ところが、私たち大人はとかく「廊下は走ってはいけない！」とか「今はしゃべらない！」といったように、「Don't 〜」を真っ先に告げることが習慣づいてしまっているように思います。

こうした傾向はもしかしたら学校文化の一つなのかもしれません。その代表格ともいえるのが、避難訓練の際にしばしば用いられる標語「お・か・し・も」ではないでしょうか。

「(1)押さない・(2)駆けない・(3)しゃべらない・(4)戻らない」は、全て「してはいけないこと」に該当します。これらを「してほしいこと」に変換すれば、「(1)前の人とすき間を空ける・(2)歩く・(3)口を閉じる・(4)目的地まで行く」となり、より具体的で伝わりやすい指示になります。

また、一部の小学校では、通常学級の特別支援教育に役立つという理由から「〇〇小学校スタンダード」などの取り組みを進めていますが、その内容が、いつの間にか禁止事項のオンパレードになってしまっているケースを見かけます。

標語「お・か・し・も」や「〇〇小学校スタンダード」に限らず、学校には、一度決まったことをなかなか覆せない「前例（踏襲）主義」や、足並みをそろえようとする「画一主義」が広がりやすい組織風土があります。結果的に、取り組みの多くが、時間がたつにつれて何の疑問ももたれなくなり、変えにくくなっていくものです。

「してはいけないこと」ではなく、「してほしいこと」を伝える内容になっているか、今一度、当たり前とされる内容であっても根本から見つめ直す（時には疑ってみる）勇気をもつことが大切だと思います。

POINT

発達につまずきのある子どもに指示を出す際は、「してはいけないこと」ではなく、「してほしいこと」を伝えたほうがわかりやすい。

「してほしいこと」を告げることを習慣化すれば、指示が肯定文になり、具体的な内容になる。禁止的な意味合いよりも、行動の修正を期待している気持ちを伝えることができる。

「してはいけないこと」を集めてしまう傾向は、学校文化の一つかもしれない。この課題を乗り越えるには、日々の指導の一つ一つを見つめ直す（時には疑う）勇気が必要となる。

教師五訓

「ほめる・叱る」のその前に

第3章では、子どもたちの心に届く関わり方について取り上げました。ただ、「どうほめるか」や「どう叱るか」ということを論じる前に、本当は「この先生にほめられたら嬉しい」や「この先生になら叱られたときに納得できる」という関係性が構築されているかどうかのほうが大切であることは言うまでもありません。

こういった教師の「在り様（ありよう、ありさま）」については、どの学校においても大切なことだと認識されつつも、あらためて校内研修などで取り上げられることはありませんでした。その背景には、いちいち取り上げている時間がないといった事情があるのかもしれません。また、教師になるような人はもともと優れたパーソナリティがあるといった思い込みや、教師の組織はとてもまじめで一生懸命な集団であるといった現実離れした誤解が影響しているのかもしれません。実際の職員室にはクラッシャー（破壊者）的な存在の教師もいますし、同僚間での妬みやいじめもあります。管理職からのハラスメントも依然としてなくなりません。職員室は閉鎖的な空間なので、何も手をつけないままだと簡単に「事なかれ主義」な組織風土が広がってしまうのです。

残念なことですが、このような教師の「在り様」を棚上げしたまま、熱心に子どものほうを変えようとしている教師が少なくありません。これは、学校で行われる研修や研究の主題に「〇〇な子どもの育成」、「〇〇な心を育てる」、「〇〇ができる子どもになるために」といった言葉が数多く並んでいることからも容易に推察できます。エネルギーの向かう先がズレているように感じるのは、筆者だけでしょうか。

そうは言いつつも、昨今の学校現場は常に気忙しく、ときに異様なまでに追い込まれているような、そんな気持ちを抱くことがあります。牧歌的な雰囲気を保ったままの温かい学校などもはや皆無に等しい現状であり、常に何かの課題を背負い続けているように感じます。「子どもを早く変えたい」とついつい思ってしまうのも、そうした背景の影響があるからなのかもしれません。

教師の在り様を見つめ直す「教師五訓」

日々の指導や業務に押し潰されそうになる前に、自分の「在り様」に関心を配ってみてください。五つの大切なことを「教師五訓」としてまとめてみました。

> **教師五訓**
>
> あせるな
> いばるな
> うつむくな
> 笑み（えみ）、わすれるな
> おこたるな

あ：あせるな

　周囲の目が気になると、どうしても焦りが生まれるものです。

　まずはじっくりと関わる姿勢を保ちましょう。

い：いばるな

　教師は教室ではそもそも「権力者」です。

　威張っても子どもたちの心はついてきません。

う：うつむくな

　指導に失敗はつきものです。

　俯くのではなく、常に前を向いていましょう。

え：笑み、わすれるな

　教師の笑顔がない学校は、子どもたちも息苦しくなるものです。

　常に、笑いと安心感を届けましょう。

お：おこたるな

　研鑽と準備を怠らないようにしましょう。

　今すぐには役立たなくても、時を経て生かされることもあります。

第 **4** 章

大人も
自分を磨き
続けよう

子ども理解のさらなる深め方

① 子どものつまずきを読み解く 「知識」と「洞察力」を

　この章からは、特別支援教育の立場から「つまずきを読み解く視点」についてお伝えします。

▶ 見えないつまずき

　子どものつまずきは知識がなければ読み解けません。なぜなら、つまずきは大人の目には見えにくい形で潜在しているからです。「問題だ」とか「課題がある」などと決めつけるのではなく、その背景にどのようなつまずきがあるのかを洞察することが大切です。

　例えば、読み書きのつまずきを隠すかのごとく、授業中にふざける子がいます。手先の不器用さをごまかすかのように、わざとめちゃくちゃな作品づくりをする子もいます。感情の言語化が苦手なために、暴力的な態度でしか気持ちを表現できない子だっているのです。

▶ 氷山モデル

　特別支援教育の世界では、子どもの行動を「氷山モデル」（※）で理解します。前述のような子どもたちの姿であれば、「ふざけているように見えてはいるが、その背景に読字や書字の障害があるのではないか？」とか「作品をわざとめちゃくちゃにしていたようだが、不器用さを隠そうとしているのではないか？」とか「すぐに手が出る子と言われてきたけれど、感情を言葉にするのが苦手だからではないか？」と考えるようにするのです。

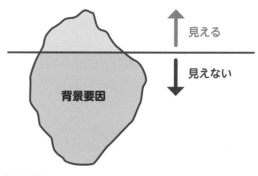

※氷山モデル

では、座っている姿勢が崩れやすく、頬づえをついたり、机に突っ伏したりする。また、まっすぐ立っていられず、何かに寄り掛かることが多いため、不真面目な感じに見える……そんな姿を見かけたら、読者の皆さんはどのようにつまずきを読み解きますか？

　姿勢を維持するためには、まず、腰・股関節・膝などのいくつかの「関節の角度」の一定時間の維持が必要になります。同時に、「筋肉の張り具合」も一定の時間、調整し続けなければなりません。「関節の角度」や「筋肉の張り具合」の調整は、身体内部の感覚の一つである「固有感覚（または固有受容感覚、本書P.50参照）」という感覚が担当していますが、実は、この固有感覚の反応の低さ（「低緊張」と呼ぶこともあります）が、姿勢保持のつまずきの原因なのではないかと言われているのです。

　関節の角度や筋肉の張り具合の調整が難しいとなれば、姿勢の保持のつまずきだけでなく、がさつな様子や、他者との距離感が近い様子など、行動面や対人関係面のつまずきも付随的に引き起こされるはずです。

　このような知識がないまま、表面的な姿だけを見て「態度が悪い」「意欲が低い」と決めつけていませんか？　これでは、姿勢の崩れにばかり目が向き、注意を促したり、叱ったりすることに時間が費やされてしまうはずです。叱ってばかりいると、真面目に授業に向かっている、別の子どもたちの気持ちまで離れていってしまいます。これでは、なんだかモッタイナイですよね。

▶ 授業を見直す

　姿勢の崩れを防ぐポイントは、ズバリ「授業改善」です。すなわち、姿勢の崩れが見られる子どもを叱るのではなく、授業が「退屈」で「教師の話が長い」とか「手持ちぶさた」といった印象をもたれているというところを見直すということです。

　例えば、ペアトークを取り入れ、話を聞かせる時間よりも能動的に参加する場面を多くつくってみましょう。この他にも、発問の前に全員を起立させ、「わかったことを隣の人に話しましょう。また、相手の意見に納得したら座りましょう」といった姿勢を転換する場面を入れることも有効に働きます。

　課題の途中で、他の友達がノートにどのようにまとめているのかを参考にするために、教室を静かに回れる時間を設定するという方法（「ギャラリーウォーク」と言います）も、動きを取り入れることができるので集中の持続に役立ちます。

　これからの通常学級の教育には、表面化することのない「つまずきの根っこ」に思いを巡らせる、洞察的な見方が求められるのではないでしょうか。

POINT

子どもの行動を表面的に解釈せず、つまずきを「氷山モデル」で読み解くようにする。

姿勢の崩れやすい子は、「関節の角度」や「筋肉の張り具合」に関するつまずきがある。表面的な姿だけを見て、「態度が悪い」「意欲が低い」と決めつけないようにする。

子どもを変えようとするよりも、授業改善がポイントとなる。

② 子ども理解に欠かせない 「四つの軸」

▶ 「子ども理解」を深める

　特別支援教育では「子ども理解」を深めることがとても大切です。浅い理解では、子どもの内面に潜在するつまずきに気づくことができないからです。

　子ども理解をより深めるためには、どのようにすればよいでしょうか。作業療法士の木村順先生によれば、（1）時間軸、（2）空間軸、（3）対人関係軸、（4）状況軸という四つの軸で考えていくという視点が欠かせないといいます。

❶ 時間軸

　例えば、クラスの中でなかなかルールが守れない衝動性の高い子どもがいるとします。

　その行動が幼児期から続いているようであれば、おそらく行動の修正には相当の時間がかかるはずです。関わる教師側の心得として「長期的な戦略」が必要になるでしょう。

　その行動がここ数週間のうちに始まったのであれば、何か納得のいかない出来事がきっかけとなったのかもしれません。その場合は、行動そのものをどうにかしようとするのではなく、その理由を丁寧に掘り下げることが指導の糸口になります。

　このように、その瞬間だけを見て判断をするのではなく、時間の経過の中で読み取っていくことが「時間軸」で子どもを見るという考え方です。

　過去の情報を踏まえる場合は、生育歴（「〇歳〇か月ごろに何ができるようになった」などの発達の記録）・既往歴（過去の病歴および健康状態に関する記録）・教育相談歴・幼稚園や保育所、前籍校の担当者からの申し送り事項、前担任による引き継ぎ情報なども参考にしましょう。

❷ 空間軸

　場所によって、子どもの態度や行動が変わる場合もあります。例えば、家では落ち着いているのに、学校では荒れた行動が出やすいなどという場合です。

この場合の背景の一つとして、学校に居場所がないと感じていたり、周囲から不本意な関わりをされて緊張感が高まっていたりするといった要因があるかもしれません。一方で、家では保護者が先回りしてなんでもやってくれるため、何一つ不自由さを感じていないことも背景の一つとして考えられます。

　背景要因を多面的に考えることによって、家庭と学校での行動の落差の理由が明らかになります。

　場所によって異なる姿を見せる子ほど、「実は、その場で瞬間的に見せる姿だけでは判断できない」ということを示しています。

❸ 対人関係軸

　そもそも子どもは、教師に見せる顔、親に見せる顔、友達に見せる顔……と、それぞれ相手によって異なる姿を示すものです。

　A先生の前ではとてもしっかりした印象なのに、B先生の前では、だらしなく床に寝そべったり、ネガティブな発言が多かったり……といった様子が見られることがあります。

　特定の人だけに対して限局的に暴言や暴力が出る子どももいます。

　対人関係という軸で分析することで、関わる大人（教師・支援員・保護者）側の「在り方」の変容を期待することが必要なケースや、学級集団づくりの方向性の見直しが必要なケースなどが見えてきます。

❹ 状況軸

　イレギュラーな予定変更が苦手な子どもにとっては、運動会や宿泊行事などが大きな混乱を引き起こすことがよく知られています。

その日の天候なども関係します。台風の前後で気圧の変動が大きいときや、春先の花粉アレルギーが強い時期、そして気温が高く蒸し暑い日などに、情緒的な不安定さを示す子どもがいます。

また、音楽の授業で楽器の自由演奏になると耐えられなくなるといった、聴覚的な情報処理の困難さを示す子どももいます。

これらは、特定の状況によってつまずきが顕在化してくるケースです。

子ども理解の出発点は、なんといっても大人による気づきです。しかし、その子の行動を読み取る大人側に上述の四つの軸がないままだと、見かけや事前の情報に振り回され、主観的な印象から行動に間違った意味づけをしてしまうことがあります。

偏った見方に陥らないようにするためには、その場の限定的な状況だけを見て判断を下さないこと、そして自分自身の「子ども理解の力」を常に見つめ直す思慮深さが求められます。

POINT

「子ども理解」には深浅がある。浅い理解のもとでは、その子の内面に潜在するつまずきに気づくことができない。

「子ども理解」を深めるためには、時間軸・空間軸・対人関係軸・状況軸という四つの軸で考えるという視点が欠かせない。

四つの軸があれば、見かけや事前の情報に振り回されたり、主観的な印象から行動に間違った意味づけをしてしまったりすることを防ぐことができる。

③ 「きょうだい児」の理解

　障害のある人や難病などで長期にわたって闘病している人の兄弟や姉妹を、「きょうだい」あるいは「きょうだい児」とよぶことがあります。「きょうだい児」に関する研究は1970年代から始まり、彼らには特有の悩みや葛藤があり、ストレスを抱きやすい傾向があるという指摘がされています。

▶「きょうだい児」の悩み

　特有の悩みや葛藤とは、例えば、以下のようなことが挙げられます。

- 障害がある兄弟姉妹が優先で、自分のことが後回しにされてしまう。
- 「私だってかわいがってもらいたい」という気持ちを抱きながらも、その気持ちを素直に出せない。
- 構ってもらえず、保護者の視線を常に確認しながらふるまう。
- 愛情を十分に注がれていたとしても、「ちょっと待ってて」と言われると、やはり二番手・三番手なのだとつい感じてしまう。
- 家族に大変な思いをさせないようにと「いい子でいなければいけない」と感じる。ただ、そのことに本人も気がついていないこともある。
- 「どうしてお姉ちゃんは〇〇できないの？」や「おまえの弟には障害があって……」など、学校や校外で兄弟姉妹の障害を理由とした「いじめ」にあう。
- これらの苦悩を共有できる友との出会いがほとんどなく、人知れず我慢していることがある。

思春期に入ると、保護者の無言の期待を理解し始めるようになったり、交友関係が広がったりします。この時期には、将来を見据えた不安が加わることがあります。

- 自分らしく生きたい、でも、障害のある兄弟姉妹の世話は、親亡き後は自分がしなければならないのではという「義務感」のような気持ちを抱く。
- 自分という存在に悩む。「もしかしたら、自分は兄弟姉妹の面倒を見るために生まれてきたのではないか？」とか、「やりたいことができず、犠牲になるのか？」といった気持ちになることもある。
- 兄弟姉妹に優しくしているだけで、「この子のこと、頼むわね」とか「あなたのおかげで将来は安心ね」などと言われることがあり、プレッシャーに押しつぶされそうになる気持ちを抱いてしまう。
- 決して縛られているわけではないが、「見えない鎖」があり、そこから心情的に抜け出せない。
- 周りから「もっとあなたらしく生きればいい」と言われても、「そんな簡単なことじゃないんだ！」と否定したい気持ちをつい抱いてしまう。
- 自分の宿命のようなものに悩み、反発心から非行に至るケースもある。
- 恋愛や結婚に影響するのではないかという不安を抱き、兄弟姉妹のことを恋人や友達になかなか打ち明けられなかったというケースも少なからずある。

彼ら「きょうだい児」には、誰も悪くないからこそ、自分の苦悩を誰にもぶつけられないという心理的な背景があるようです。だからこそ、互いに共感できる、同じ境遇の仲間の存在が必要なこともあります。同じ立場の人どうしが、互いに理解し、支え合うことを「ピア・カウンセリング (peer counseling)」とよびます。

▶ 前向きな「きょうだい児」

ここまでは、主に「きょうだい児」の苦悩を取り上げてきましたが、その一方で、障害の有無に関わらず兄弟姉妹のことを前向きに受け止められる「きょうだい児」もいます。筆者の同僚や知人には、「障害のある兄弟姉妹がいたことがきっかけで、この仕事に就くことを目ざした」と話す特別支援教育や障害者福祉の関係者がいます（詳しく話を聞いてみると、「障害がある兄弟姉妹がいてよかった」という人もいれば、「過去にひどいことをしてしまったので、罪滅ぼし的な気持ちから目ざした」という人もいました）。

「きょうだい児」が、生涯にわたって自分の人生を楽しみ、積極的に生きていけるためには、障害のある兄弟姉妹の存在をプラスと捉えることができるかどうかがカギとなります。前向きな姿勢を支えられるのは、身近にいる、気持ちを理解し、信じられる人（教師・保護者・友人・先輩・友人の親など）だけです。私たち教師は、その役割を果たせているでしょうか。

▶「きょうだい児」への支援

　あらためて、本書のテーマは通常学級での特別支援教育ですが、特別支援教育は、いわゆる障害がある当事者だけが支援の対象というわけではありません。この節で取り上げた「きょうだい児」のように、家族としての課題に気づいてほしいケースがあります。また、兄弟姉妹に障害があり、自身にもADHD（注意欠如多動症）やLD（学習障害／SLD＝限局性学習症）やASD（自閉スペクトラム症）、DCD（発達性協調運動症）などの発達障害がある「きょうだい児」もいます。

　「きょうだい児」への理解や支援は、学校現場ではほとんど語られていないのが現状です。その要因の一つとして、兄弟姉妹の学びの場が心理的・物理的に離れていることが考えられます。特に、特別支援学級や特別支援学校に兄弟姉妹が通学している場合は、その担任教師と「きょうだい児」との接点が極めて少ないため、心理的な側面がなかなか見えにくいところがあります。

　彼ら「きょうだい児」が抱きがちな不安は、生涯にわたって続きます。周囲の関係者一人一人が理解者となるのはもちろんですが、例えば、障害や障害児・者について理解を深める授業の実施や、通信の発行、先輩「きょうだい児」から学ぶ機会の設定など、特別支援学級や特別支援学校が学齢期・思春期の「きょうだい児」を支えるシステムを積極的に打ち出していくことも必要なのではないかと考えています。

> **POINT**
>
> 障害のある兄弟や姉妹がいる人には特有の悩みや葛藤があるといわれ、「きょうだい」や「きょうだい児」の課題として研究されている。
>
> 「きょうだい児」への支援は、学校現場ではほとんど話題にされていない。
>
> 「きょうだい児」が、生涯にわたって自分の人生を楽しみ、積極的に生きていけるためには、障害のある兄弟姉妹の存在をプラスと捉えることができるかどうかがカギとなる。その前向きな姿勢を支えられるのは、身近にいる、気持ちを理解し、信じられる人だけである。

④ 二次的障害に陥らせないための三つのポイント

▶ 二次的障害の予防的な対応の必要性

学習につまずきのある子は、「できない・わからない」という状況が続くと、やがて理解しようとすらしなくなっていきます。

行動につまずきのある子は、叱咤され続けることで、大人への不信感を強くしたり、自己否定が進んだりすることがあります。

対人関係づくりにつまずきのある子は、周囲の無理解などにより、不安感や強いストレスを感じて適応困難に陥ることがあります。

このように、本来のつまずきに対する適切な支援が届かないままだと、失敗経験が繰り返され、副次的なつまずきへと進行してしまうことがあります。これを「二次的障害」といいます。通常学級における特別支援教育は、本来のつまずきへの対策にスポットライトが当てられがちですが、実は、二次的障害の予防という側面もあります。

二次的障害の原因の大半は環境要因であるとされています。具体的に言えば、周囲の人による無理解や誤解です。家族や関係者がなかなか認めようとしない場合もあれば、教師が知識不足で見過ごしたり、偏った見方で誤解したりしている場合もあります。

児童精神科医であった故・佐々木正美先生は生前、「教育現場には、【熱心な無理解者】が少なからずいる」とおっしゃっていました。私も自戒を込めて、この言葉の重さをしっかりと受け止めたいと思います。

▶ 二次的障害の現れ方

独立行政法人国立特別支援教育総合研究所の研究を参考にすると、二次的障害は具体的に以下のような形で現れることが整理できます。

（1）本来見られているつまずきが悪化するケース

例えば、ADHDの多動性や衝動性が激しくなっていく、など。

（2）本来のつまずきにはないことが見られ始めるケース

例えば、些細なことでイライラする、など。

（3）本来のつまずきにはないことに対する「併存症」という診断がつくケース

例えば、反抗挑発症（反抗挑戦性障害）など。

（4）併存症があるうえで、さらなる状態の悪化が見られるケース

例えば、素行症（破壊的行為障害）など。

これらは、（1）から（4）に進むにしたがって、より深刻化していくと捉えることができます。

心にとどめておきたいのは、本来のつまずきが改善されていくときは時間をかけて徐々によくなっていくものですが、悪化するときには比較的短期間に一気に崩れ落ちていくものであるということです。

したがって、前年度に、本来のつまずきが落ち着いているように思われていた子どもであっても、その翌年度に無理解な教師による不適切な指導が行われれば、いとも簡単に（1）の状況に陥ることがあるのです。さらに、そのことがまるで学級崩壊の原因であるかのように勘違いされている場合もあります。

大切なのは、正しく理解し、臆せず関わることだと思います。

▶ 二次的障害に陥らせないための三つのポイント

私は、二次的障害に陥らせないためのポイントが三つあると考えています。

一つ目は、「ポジティブな自己理解」です。自分の得意な部分は生かし、苦手な部分は受け止めながら、前向きな自己像を形成できるようにしていくことが大切です。特に、「自分探し」で揺れ動きやすい思春期の年代に関わる教師は、このことを常に意識しておく必要があると思います。

　二つ目は、「貢献感覚」です。これは、「誰かに必要とされるという実感によって、人は幸福感を得る」というアルフレッド・アドラーの考え方をもとにしています。「支援を必要とする子」は、常に支援される側にいたいわけではありません。彼らも、誰かの役に立っていると実感することで、自分自身の存在意義や所属感を高め、成長していきます。^(※)

　三つ目は、「レジリエンス」です。レジリエンスは、近年さまざまな場で取り上げられている考え方で、困難や課題に対する「心のしなやかさ」を意味します。従来までは精神的な強さといえば、どんなに困難な状況でも屈せず立ち向かうといった「タフさ」がイメージされていましたが、このレジリエンスは、「激しい風雨にもしなやかにそよぎ、大雪にも春の訪れまでしなりながら耐える木」のようなイメージで、受け止めながらも立ち直ることのできる力であるとされています。

　二次的障害を引き起こさないためには、上記の三つのポイントのような「視点」をもって臆せず関わることが大切です。視点をもつと意識が変わります。やがて、瞬時の判断と行動に、普段意識していることが現れるようになるはずです。

※アドラーのいう「貢献感覚」は、アブラハム・マズローの「承認欲求」とは別のものとして整理されています。承認欲求は、自分が集団から価値ある存在と認められたり、尊重されたりすることを求める欲求とされていますが、貢献感覚は、たとえ他者から認められなくても、誰かのために貢献していると感じること自体が生きるエネルギーになるという考え方です。

POINT

周囲からの無理解や誤解などにより、つまずきに対する適切な支援が届かないままだと、副次的なつまずきへと進行してしまうことがある。これを「二次的障害」という。

二次的障害の現れ方はさまざまであり、本来のつまずきが悪化するケースから、本来のつまずきにはなかったことが見られ、より深刻化していくケースまである。

二次的障害に陥らせないためには、（1）ポジティブな自己理解、（2）貢献感覚、（3）レジリエンス（心のしなやかさ）の三つのポイントが大切になる。

⑤ 学級目標を飾り物にしない コツ

▶ 初めは、どの子も「大人の顔色をうかがう」もの

　どの子どもの心の中にも、「ほめられたい」、「認められたい」という気持ちがあります。そのため、初めのうちは大人（学校では教師、家庭では保護者等）の顔色を読み取りながら、ほめてもらうことを期待して動きます。

　子どもが行動する前に、重要な他者の反応をうかがって行動を決定するような現象は「社会的参照（social referencing）」とよばれ、実は、1歳前後から始まるとされています。初めての人や物、出来事に出会ったときに大人の方を一度見て、その際に大人が示した表情・動きで「安全か危険か」や「好ましいふるまいか否か」などを判断し、新しい状況に対処します。したがって、大人の顔色をうかがって行動することは好ましくないものでは決してなく、むしろ、情緒の発達のプロセスとしてとても大切なことだといえます。

　その一方で、いつまでも大人の顔色を気にしていては、「依存が強い」「自分で考えていない」という課題が大きくなっていきます。そこで、大人の顔色を見ながら動く段階から、自分で考えて行動できるようになるまでの段階的な指導のポイントを整理しておきたいと思います。

▶ 目標に向かう行動を価値づけする

　学校で、教師の顔色を見る子が多いのであれば、それは教師の心の中にある「ほめる」や「認める」の基準を子どもたちにまだ「可視化」できていない段階だといえます。心の中にある内的基準を、まずは外に出していくことから考えましょう。

　すぐに使えそうなものは、学級目標です。学級目標は、年度初めに子どもたちと作り、きれいに装飾して、教室の前面に掲示するというクラスが多いようですが、残念ながら1年間飾りっぱなしで、使われていないことも少なくありません。それを活用することを考えます。

　例えば、目標にかなった行動が見られたらすぐに「今、目標のことを考えながら動いたね」と伝えてみるというのはどうでしょうか。こうすれば、学級目標が飾りものになることを防ぐことができますし、子どもも大人の顔色を頼りにするのではなく、自分で考えて行動できるようになっていきます。

▶ 学級目標のさらなる活用を考える —学級経営のための五つのステップ

　学級目標は、個別にほめたり認めたりするときだけでなく、学級経営に生かすこともできます。次の五つのステップを意識してみましょう。

Step 1

　まずは、子どもたちの心理メカニズムを知っておくことです。学級経営がうまくいっているときは、子どもたちの間に「共感」が広がっていることが多いものです。共感が広がるというのは「人のふり見て、我がふり直せ」が成立している状態のことをいいます。

　例えば、「Aちゃん、姿勢いいねえ」と特定の子をほめると、周囲のほめられていない子もサッと姿勢を正すような場面があります。このように、誰かがほめられたことを見て、「私も見習いたい」と行動を正したり、友達が叱られている場面を見て「気の毒だな」「自分は気をつけよう」と思えたりする子が多いのが、共感が広がっているクラスの特徴です。

　ところが、「共感」と紙一重の感情に「嫉妬」があります。子どもたちの多くは（大人もそうかもしれませんが）、共感よりも嫉妬のほうが先にきます。嫉妬が支配するクラスでは、誰かがほめられると「ズルい、私は認められてない」と感じやすくなります。誰かが叱られている場面を見ると、「いい気味だ、ざまあみろ」という気持ちを抱きやすくなります。

　ステップ1では、まず、この心理メカニズムを知っておくことが大切です。

Step 2

　学級目標を具体化します。

　例えば、「助け合うクラス」や「支え合うクラス」というような大きな枠組みの抽象的な目標が設定されているとします。その具体的な姿として、助け合ったり、支え合ったりする場面で「子どもたちに言ってほしい」「こんなことを言える子どもたちにしたい」と感じられる言葉のリストを作ります。

〈例〉

- 友達を待つ場面……「一緒に行こうよ」「待ってるよ」「慌てなくてもだいじょうぶだよ」「間に合うよ」など。
- 友達を励ます場面……「絶対できるよ」「一緒にがんばろうよ」「間違ってもだいじょうぶ」など。
- 友達を支える場面……「手伝うよ」「一緒に持つよ」「何か私(僕)にできることある?」など。

ただし、このリストは指導の目的のために作るものであり、教室などには貼り出さないことがポイントです。特別支援教育に関する文献にはよく、「言葉のリストを貼り出しましょう」と書かれています。しかし、貼り出した途端に、勘のいい子は「これを言えば、先生はほめてくれるんだ」と考えます。つまり、答えを示すのと同じになってしまうのです。

そのため、貼り出さずに先生の頭の中だけにしまっておくようにします。できれば、副担任の先生や専科の先生にもこれを伝えておく。中学校では、学年団で共通認識としてもっておくといいと思います。リストを作るけれども、貼り出さないというのが二つ目のステップです。

Step 3

ここからは、ステップ1・2を活用していきます。ステップ2のリストにある言葉が出たら、まずは即時評価をします。

「今の発言聞いたかな?　Aさんがね、"まだ間に合うよ"って言ってたよ。これは学級目標にぴったりだよね。こういう声かけが増えるとうれしいね」

こんなふうに、ひたすら「種まき」を繰り返します。

Step 4

　ステップ3をしばらく続けていくと、「オレだって」という"嫉妬"の気持ちが芽生える子が出てきます。なかなか認めてもらえない子が、「先生、オレも言ってるんですけど！」と訴えてくるはずです。しかし、ここでほめてしまうと、簡単に嫉妬が広がるクラスになってしまうので、ほめないようにします。否定も肯定もせず、「ああ、そう」と言って終わりです。

Step 5

　嫉妬してしまう子どもの後を追いかけるかのごとく、"共感"を抱く子どもたちが現れるはずです。

　「先生、Bさんが"間違ってもいい"って言ってくれたんです」「先生、Cさんから"絶対できるよ"って言われました」など、他者のポジティブな行動を報告してくれる子は共感レベルが高い子たちです。

　こんな報告が来たら、「BさんもCさんもすごいなあ。そして、報告してきてくれたあなたもありがとう」と伝えるようにします。

　こうすることで、子どもたちの気持ちや行動につながりをもたせていくことができますし、抽象的な目標を使いこなすことにもなります。

　ちょっと手順は複雑に感じられるかもしれませんが、ここまで想定しておかないと、指導は後手に回ります。常に先手の指導を心がけ、学級目標を使いこなしてみてはいかがでしょうか。

POINT

大人の顔色をうかがって行動することは、決して悪いことではない。人間の発達に組み込まれた「社会的参照 (social referencing)」がその出発点である。

その一方で、いつまでも大人の顔色を気にすることにより、「依存的な態度」や「自分で考えて行動することができない」という状態に陥ってしまうことも少なくない。そうならないために、大人の心の中にある「ほめる」「認める」の基準を可視化することが大切である。

可視化の第一歩は、学級目標を使いこなすことから始められる。

▶「些細なこと」と片づけられてしまうエピソードは、実は多彩

　発達につまずきがある子どもについての相談の中で、対象児の実態について「些細なことでカッとなる」「些細な理由からトラブルを起こす」「些細なことにこだわる」などのような説明を耳にすることがあります。

　筆者のほうからあらためて、「『些細なこと』って、どんなことなのですか？ 具体的なエピソードがあれば教えてください」と質問させていただくと、返ってくるエピソードが実に多彩です。

　例えば……

- 給食のおかわりができなかった。
- 対象児の係の仕事を、誰かが先にやってしまった。
- 水泳の授業があると思っていたのに、天候などの理由で中止になった。
- 勝敗のあるゲームやじゃんけんなどに負けた。
- 授業中に挙手しているのに指名してもらえなかった。
- 誰かが偶然ぶつかった。

などなど。

　大人にとっては、些細なことと思われるかもしれません。しかし、実はその子にとっては決して、「些細なこと」で済ませられるようなことではないのです。どうやら両者の間には認識のズレがあるようです。

▶ 当事者からすれば、決して「些細なこと」で済ませられない

　私たち大人も、電車に乗り損ねることがあります。「もう1本、次の電車を待てばよい」。そのように考えられれば、これは些細なことに見えます。しかし、その人にもしも「一刻も早く駆けつけなければならない出来事が別のところで起きている」のだとしたら……、あるいは「人生を左右するような大きな出来事を逃してしまう」のだとしたら……と考えてみてほしいのです。状況しだいでは、電車を1本乗り損ねることは、決して「些細なこと」と片づけられるようなものではなくなるはずです。

　このように、他者にとっては「些細なこと」に見えても、当事者にとっては重大で深刻な出来事であるというのは、よくあることだと思います。

　些細かどうかの判断の線引きは、きわめて主観的になされます。「些細な」という表現を使うのであれば、せめて、「大人から見れば……」「教師から見れば……」「第三者から見れば……」という前置きを必ず加えてほしいものです。

▶ 「無関心・無反応」よりもずっと見込みがある

　些細なことでカッとなる子どもは、実は「見込みがある子」なのではないかと感じることがあります。一つ一つの事態にしっかりと反応している分だけ、無関心・無反応な子どもよりもずっとよいと思うのです。

　問題となるのは、その「反応の程度が激しいこと」と「気持ちの切り替えが難しいこと」であり、カッとなる場面やキレる行動ばかりにとらわれないようにするのが指導・支援のこつです。

　「反応の程度の激しさ」に対しては、上手な行動の出し方を教える必要があります。「人や物に当たるよりも、地面を数回踏みつけるほうが見栄えがよい。それよりも、唇を強くかみしめるだけのほうがさらにカッコいい」といったように、行動の出し方を少しずつ適応的な形にしていく指導が効果的です。学年相応の適応的な行動だけを一足飛びに学ばせようとすると、うまくいかないので注意しましょう。

「気持ちの切り替えの難しさ」に対しては、「切り替え言葉」を教えることがポイントです。切り替え言葉とは、「まあ、いいか」「しかたがないよね」「しょうがない」「こんな日もあるさ」など、状況を受け止める言葉です。これらの言葉を使えるようになると、パニックや暴言・暴力的な行動が格段に減るケースを、私はたくさん見てきました。

　子ども理解のうえで何より大切なのは、相手の事情への"感度"を高める努力です。指導者・支援者に求められるのは、その子の姿を「些細なことでイライラする」と見なすことではなく、その子の「プライド」や「信念」が込められている物事を読み解いていく力なのではないでしょうか。

POINT

「些細なことでカッとなる」とか「些細な理由からトラブルを起こす」という表現は、きわめて主観的なものさしに基づくものであり、子どもの実態を表すときには注意が必要である。

他者からは「些細なこと」に見えても、当事者からすると重大で深刻な出来事である可能性がある。その子の事情への「感度」を高める努力が求められる。

指導・支援のこつは、カッとなる場面やキレる行動ばかりにとらわれないようにすることである。その背景にある「反応の程度の激しさ」と「気持ちの切り替えの難しさ」に着目すれば、指導・支援の方法が見えてくる。

⑦ ゲームにはまりがちな子どもたちが期待する授業とは何か

▶「学習者の分析」をベースに据えた授業に

　今も昔も、よい授業は子どもたちを魅了し、力を伸ばします。では、従前「よい」とされてきた授業と、昨今の子どもたちが求めている授業は同じでしょうか。答えは「NO」です。

　従前「よい」とされてきた伝統的な授業は、教師の一斉指示が通る授業、教師の発問に対し子どもたちが挙手で応じる授業、冒頭で示されたねらいに向かって全員が意欲的に学習に向かう授業・・・などのイメージがもたれてきました。ピーター・H・ジョンストンは、このような授業観の背景には、教師は「教室で知識を与える者」であり、子どもは「知識を受け取る者」という位置づけがあると看破しています。

　つまり、従前であれば、「教材研究」と「教授法研究」を中心とした準備をすれば、一応は授業が成立していた（あるいは、成立しているかのごとく思われていただけかもしれませんが…）のです。

　たしかに、教材研究も教授法研究も非常に重要で、欠いてはならない不易なものです。しかし、それだけをしていても授業がうまくいかない現実が今の教室には広がっています。以前までのような授業の「成功モデル」をそのまま行ってもうまくいかないのです。

　今、求められているのは、学習者である子どもたちが何に興味をもち、それがなぜ子どもたちを魅了するのかを分析する視点をもつことです。そしてさらに、学習者である子どもたちの立場から、授業を見つめ直すことが大切です。

▶ ゲームはなぜ、多くの子どもたちを魅了するのか

　子どもたちが魅了される物の一つに「ゲーム（ビデオゲーム）」があります。ゲームは、学校現場では「良くないもの」「好ましくないもの」と見なされる傾向が根強いようですが、むしろ、ゲームがもつ魅力を丁寧に分析し、その要素を授業に取り入れるほうが教育活動は充実します。

ゲームが子どもたちを惹きつける理由は、以下のように整理できます。

① 難易度の設定がうまい。

　簡単すぎても、難しすぎても飽きられてしまいます。これは授業も同じです。しかもゲームのほうは、飽きられてしまったときには見向きすらされなくなります。優れたゲームは、「少し手ごわいけれども、がんばってやってみるか」という難易度をキープし続けているので、プレイヤーを数百時間も惹きつけることができるのです。

② ほめて育てて、達成感を高めさせるのがうまい。

　「レベルが上がる」「一機増える」「ライフが回復する」など、適切な時期に「ごほうび」を得ることができます。ごほうびの獲得を目指して行動するため、プレイヤーのモチベーションを高く保つことができます。また、「リプレイ」などの機能を用いることで、うまくできた場面を即時にフィードバックできます。

③ 目標設定と参加感をもたせる工夫がうまい。

　初期の目標はとても近いところに設定されていて、すぐに手が届くようになっていますが、次第に目標までの道のりが伸ばされていきます。プレイヤーに気づかれないように進めていくステップの組み方が絶妙です。また、最終目標もブレることがありません。加えて、中間目標が示される場面では複数の選択肢が示され、参加者自身が選択できるようになっています。こうした工夫を通して、プレイヤーに「自ら取り組んでいる」という実感をもたせています。

▶ 授業づくりに活用していくために

もはや「先生だから無条件に話を聞いてもらえる」という時代ではありません。「ちゃんと聞きなさい」とか「授業を聞きたい人の権利を妨げないように」と注意すれば、先生のほうに視線を向けるはずだろうと思うのは、もうすでに時代錯誤的な考え方になりつつあります。

特に、集中の持続時間が短い子どもたちや学習への動機づけが弱い子どもたちは「つまらない」と感じるのが早いです。彼らをいわば、「授業の面白さに敏感な子どもたち」と捉え直すことから始める必要があります。

聞かせようとするよりも、子どもたちが思わず取り組みたくなる授業をつくること、すなわち「自発的に心が動く」場面を生み出すことが、今の子どもたちの実態に見合う授業のあり方です。昨今の子どもたちが期待する授業を実現するためのヒントが、この節のゲームのもつ魅力の分析から見いだせそうです。

ゲームについてはまださまざまな捉えられ方があります。特に、特別支援教育の分野では「ゲーム障害（ゲーム依存）」という新たなキーワードが国際的に議論され、WHO（世界保健機関）はついに「ゲーム障害」を国際疾病に追加しました（2022年1月発効）。教育現場で「ゲームが子どもたちの考える力を奪っているのではないか」という否定的な見方が根強いのもまた事実です。

ただ、子どもたちを取り巻く環境は劇的に変化しています。学校だけがそうした流れと無縁というわけにはいきません。ゲームについても、否定的な見方でとどめるのではなく、授業の効果的な進め方を教えてくれる媒体として見つめ直してみるというのはいかがでしょうか。

POINT

従前「よい」とされてきた伝統的な授業は、教材研究と教授法研究によって支えられてきた。しかし、今はこれだけでは通用しない。学習者である子どもをより鋭く分析する視点を含めて考えていくことが大切である。

ゲーム（ビデオゲーム）にはまる子どもたちは少なくない。学校現場では、とかくゲームを「良くないもの」「好ましくないもの」とみなす傾向が強いが、むしろゲームがなぜ子どもたちを惹きつけるのかを分析し、その要素を授業に活用したほうが、教育活動は充実する。

学習につまずきがある子を「授業の面白さに敏感な子どもたち」と捉え直してみよう。思わず参加したくなる・活動したくなるような授業づくりをめざすきっかけになる。

⑧ 教室に不用意に吹かせている「風」を自覚しよう

　教室に教師がいるときといないときでは、子どもたちは態度を変えるものです。厳粛な教師のもとではピリッとした雰囲気になりますし、弱めの圧の教師のもとではゆるい雰囲気になります。教師はそこにいるだけで、何らかの「空気感」を作り出していると言ってもよいでしょう。

　この「空気感」を、多賀一郎先生は「風」と表現されていました。数値化や言語化が難しかった教師のあり方を示す、絶妙な表現だと思いました。

　学校現場では、とかく「どうすればあの子（たち）を変えられるか」という方法論が話題になりがちです。しかし、対応の本質は、子どもたちからの信頼に足る教師がそこにいるかどうかということです。

▶ 支援を必要とする子どもたちは、特に「風」に敏感

　大声で強い指導をされると、その場に「鋭い風」が吹きます。だから子どもたちも固まります。動きも思考も止まります。やがて大人の顔色をうかがいながら行動するようになるため、主体性が失われていきます。

　言語だけで一方的に指導される場面は「尖った風」だと感じます。彼らはそういう風が苦手です。だから、しばしばパニックを起こします。これが続くと学校に行きたくなくなります。

　自分の関わりがパニックを誘発しているのに気づけていない大人は、たいてい、パニックを無理やり抑え込んだり、ペースを考えずにただ動かそうとしたり、機械的にカームダウンスペース（気持ちのクールダウンのための場）に連れていったりします。そんなときほど「不穏な風」が流れます。だから、彼らはことさら強く抵抗します。

　その一方で、穏やかさで包める大人のもとでは「心地よい風」が流れますから、彼らも機嫌がよいことが多いです。でも、大げさにほめられたり、意欲を鼓舞されたりすると、「熱い風」だと受け取ってしまうこともあるので、認め方のさじ加減は微妙に難しいところもあります。

112

彼らがまず求めるのは「無風」状態です。教師という立場は、職業柄、一声かけたり、何かをしようと持ちかけたりといった、常に何かの指導アクションを起こしてしまいたくなるものです。しかし、何かをさせようとする「風」が起き、子どもの警戒心を煽ってしまうことが少なくありません。

　したがって、校内研修や校内ケース会議などでは、「いかに不用意に風を起こさないでいられるか」という大人側のふるまいが取り上げられなければなりません。

▶ 圧を消すことも教師修行の一つ

　俵原正仁先生は、「圧ゼロ」で、ただただ子どものそばにいる、そして子どもたちの様子をただただ見守る時間を作ることの大切さを推奨されていました。圧を消すことも教師修行の一つだといいます。

- 焦らず、じっくり待ってみる。
- 無理に何かをさせようとしない。
- 普段から語数を抑える。
- 声のトーンを抑えめにする。
- 不適切な行動やパニックにいちいち動揺せず、泰然自若の構えをキープする。
- 静かに子どもたちとの距離を詰め、そばにいることだけを心がけてみる。
- 周囲の大人の目を気にせずにゆったりとした気持ちで構える…。

　こうした姿勢が無風を生み出します。ぜひこの機会に、自分がどんな風を教室に吹かせているか、振り返ってみてはいかがでしょうか。

POINT

> 教師は常に、教室の空気感を作り出している。子どもたちも教師の佇まいや立ち居振る舞いに合わせて、態度を変える。そうした教師の醸し出す空気感をここでは「風」と表現する。
>
> 支援を必要とする子どもたちは、教師が吹かせる「風」に敏感なところがある。
>
> 無風状態を作る、圧を消すことも、教師のトレーニングとして必要である。
>
> 学校現場では、「どうすればあの子（たち）を変えられるか」という方法論偏重になりやすい。しかし、対応の本質は、子どもたちからの信頼に足る教師がそこにいるかどうかということである。

教師のためのレジリエンス（折れない心）

教師の病気休暇の背景

　筆者の身近に、病気休暇を取られている教師がいます。それも一人や二人ではありません。子どもや保護者との関係づくりに悩み抜いた人もいれば、強い意見を言う教師からの「マウントをとる」ような行為や職員室内の「同調圧力」に押しつぶされてしまった人もいます。

　人と直接的に接することを生業にする業界は「感情労働」と表現されるそうです。これは、「肉体労働」や「頭脳労働」に続く形態とされています。教師の世界こそ、まさに感情労働の最たるものだと言えるのではないでしょうか。そうだとすれば、教師という仕事を続けるのならば、少なからず「感情面のコントロールや忍耐や緊張」がつきものだという覚悟が必要なのかもしれません。

　しかし、そうは言っても、病気休暇を取られている人たちが日本全国でも続出している現実を目の当たりにすると、「教師は感情労働なのだから仕方ない」で済ませるわけにはいきません。今の学校現場に必要なのは、教師の心のレジリエンス（折れない心・立ち直り力・回復力・復元力）を本気で考えることだと思います。

レジリエンスの三つのタイプ

　レジリエンスは、第４章の「４／二次的障害に陥らせないための三つのポイント」（本書99〜101ページ）でも紹介しました。近年注目を集めている言葉であり、「心のしなやかさ」を表します。

　これまでは精神的な強さと言えば、どんなに困難な状況でも屈強に立ち向かうといった「タフさ」がイメージされていましたが、このレジリエンスは、「激しい風雨でもしなやかにそよぐ木」のようなイメージで、困難を受けとめながらも立ち直る力であるとされています。また、レジリエンスは自尊感情や他者と協力する気持ちとも関係しているとも言われていて、前向きなエネルギーの源になります。

　レジリエンスが高い状態の人には、以下の三種類のタイプがあります。

一つ目は、一度落ち込んでしまっても再び元の状態に戻せるタイプ（復元力がある）です。レジリエンスという言葉は、もともとは物理学の用語で、握ったゴム毬を手放したときに元の形に戻ることに由来しています。

　二つ目は、もともと困難な状況を困難とも思わないタイプ（落ち込まない心をもっている）です。新しいことを求める気持ちや未知のことへの興味・関心が非常に高く、常に肯定的な未来志向を持っています。

　三つ目は、困難をバネにしてさらなる成長を果たし、強靭な心をもつようになるタイプ（PTG：Posttraumatic Growth ＝心的外傷後成長）です。「出る杭は打たれる」日々の連続であっても、苦悩と向き合う中で自己の存在意義に気づき、もともとの状況よりもさらに上向きの変化に辿りついた人のことを言います。

　レジリエンスの本来の使い方は一つ目なのですが、現在ではこれら三つ全てを含んで使われています。

教師がレジリエンスを高めるための七つのポイント

　教師もレジリエンスが必要な時代です。どうすればレジリエンスの高い状態を保つことができるのか、そのポイントを以下に整理しておきます。

1. 自分よりも人格レベルの高い人間と付き合うようにする
2. 校内よりも外の世界（研究会や趣味の世界）で帰属意識を満たす
3. 理不尽さへの怒りをエネルギーにする
4. 職員室内いじめやパワハラをしかけてくる人たちは「仮想的有能感（あいつより自分のほうが上、といった上下感で人を見ること）」の塊であり、実は、その人たちも心が満たされていないことを知っておく
5. 子どもが伸びることを喜びとする
6. 校内にメンター（指南役）を見つける
7. 校内の少なくとも20％の人に支持してもらえるようにする

memo

第 **5** 章

教育の本質

いかに自分のあり方を
見つめ直すか

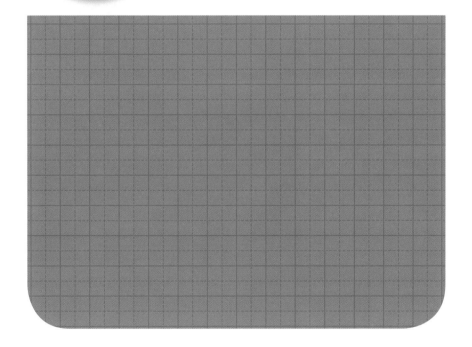

① 子どもはルールよりも 「ラポール」に従う

　2007年4月に「特別支援教育」が学校教育法に位置づけられ、すべての学校において障害のある子どもたちの教育のいっそうの充実が図られることになりました。現在では、発達障害がある子どもたちや、医学的には未診断でも配慮を要するとされる子がクラスに複数名いることが、もはや当たり前といえるような状況になってきました。「10年ひと昔」と言います。今までに蓄積されてきた対応策や支援プランの情報などが、セミナーや書籍やインターネットなどでいとも簡単に手に入る時代になりました。

　ところが、実際には、支援を要する子への対応はやっぱり難しいと言われることが少なくありません。教育現場は日々の実践を振り返るゆとりもないくらい多忙です。できることなら、すぐにでも取り組めるような"手立て"や効果的な"技"を学びたい（本音としては「すがりたい」？）と願う方もいらっしゃることでしょう。しかし、こうした焦りが、強引な指導につながってしまったり、その子のつまずきの背景を考慮しない支援になってしまったりしているということはないでしょうか。

▶ 今すぐの変化より、「ラポール」づくりを

　子どもは促成栽培のようには育ちません。「今すぐに変わってほしい」という願いが強くなると、さまざまなルールで縛ったり、強く言い聞かせたりするといった対応がどうしても多くなりがちです。また「指示に従わない」「指導が入らない」などのマイナス表現がつい口から出てしまうのは、教師の焦りの裏返しであるこ

とが少なくないのです。もし、「指導が入る」ようにしたいのであれば、子ども
を変えようとするのではなく、「先生の話は聞く価値がある」という「ラポール
(信頼関係)」づくりが欠かせません。

　「焦りは禁物！」そう頭ではわかっていても、時間がないときや、次の活動が
迫っているときなど、どうしても気持ちにゆとりがなくなっていきます。そんな
瞬間をまるで狙っていたかのごとく、授業から抜け出したり、床にひっくり返っ
たりする子どもが出てくることがありますよね。こんなときは、どうしても周り
の教師からの視線が気になってしまうものです。「また手こずっているわね」と
か「早くこの子をなんとかしろよ」といった気持ちで見られているのではないか
と考え始めると、焦りはより強くなっていきます。そうした動揺が大きな声、強
い指導につながり、結果的に子どもの混乱を招きます。

　新任・若手の先生方にお伝えしたいことは、「知らぬ間に、同僚や先輩からの
視線を気にしてしまっていないだろうか」ということです。焦って強引に関わっ
ても、うまくいきません。とにかく「力を蓄えながらでよい」と考えるようにし
ましょう。長期的な見通しをもち、すぐに結果が出なくてもいい、この子 (たち)
としっかりとしたラポールをつくるんだ、そんな覚悟で日々の教育活動を進めて
行きましょう。

POINT

子どもは、「ルール」よりも「ラポール」に従う。

子どもは促成栽培のようには育たない。

周りの教師の目を気にしすぎると、焦りが生まれやすい。

② 教師としての軸・枠・型・幅をもつ

　「子どもたちのために一生懸命やってきたけれど、どうしてもクラスが落ち着かなかった」とか、「小さなトラブルが頻繁に起き、その対応に追われてしまった」ということはありませんか？　もし、そんな事態に陥ってしまったとしたら、その「原因」と「解決プラン」について、整理しておきましょう。

▶ トラブルの「モグラたたき」

　本来であれば、けんかや口争いなどのトラブルは人間が育つ栄養素です。人は、思いどおりにいかないことに対して「折り合いをつける」ことを学び、やりすぎてしまったことに対して「加減する」ことを学びます。一緒にいる時間があればこそ、なんらかの摩擦は当然あるものです。こうしたトラブルを、生きた教材として用いることができれば、クラスの安定はより強いものになるはずです。

　ところが、そこまでたどり着けず、ただただトラブルの処理に追われ、疲弊している先生に出会うことがあります。そうした先生に限って、課題を一つ解決したとしても、まるで「モグラたたき」のように新たなトラブルが発生します。保護者も巻き込んだ形になってトラブルが大きくなってしまうこともあります。そうした事態を防ごうと、丁寧に個別対応しているはずなのに、「だってアイツが先に……」とか「オレは悪くないのに……」といった自分本位な言い分が返ってきて、それに振り回されます。結局は授業時間に食い込んでしまい、なんとなくウヤムヤなまま指導が終わってしまうというのがよく見られるパターンです。

▶ 教師に必要な「軸・枠・型・幅」

　このように、対応が後手に回ってしまう背景には、その教師自身の問題があります。それは、教師として必要な「軸・枠・型・幅」が未形成であるということです。

❶ 軸
　ぶれない価値観・道徳観のこと。

〈例〉

- どんな子どもを育てたいか。どんな教師であり続けたいか。
- 何を正しいこととするか。何を大切にするか。
- いつ、どんな行動をほめるか。いつ、どんな行動を叱るか。

❷ 枠

どこまでを正解とするか、主導権をどこまで教師がもつか、決定権のどこまでを子どもに委ねるかなどの範囲・回数・程度。

〈例〉

- 「集まりましょう」などの号令のときに、どの位置にいるのを正解とみなすのか。

❸ 型

一つ一つの具体的な指導場面において、何を、どの程度まで、何分・何秒で行えば終わりとなるのか、また示したことがうまく達成できていないときにいつ切り替えるか、といった流れや展開の標準スタイル。

〈例〉

- 先生が集合の号令をかけたら、今していることをやめる。
  - ➡集まったら、自発的に座って待つ。
  - ➡座ったら、口を閉じる。
  - ➡口を閉じたら、先生を見る。
  - ➡先生は、子どもたちの視線が集まったら話す。

❹ 幅

❶〜❸の各項目において、子どもの実態に合わせたり、0%〜100%までの範囲の中で調節したりすること。また、今、どの立ち位置にいるのかを意識すること。いわば、心の「寛容度」のこと。

❶〜❸が未形成な状態で教壇に立つと、子どもは混乱します。混乱の結果、クラスの荒れが起きていると言ってもよいでしょう。子どもたちを責めるのではなく、一刻も早く❶〜❸を整理する必要があります。

ひと昔前まで、「若いというだけで子どもたちの人気が集まる」と言われていました。だから、「もっと子どもたちと遊んだり、ふれ合ったりすればいい」と

アドバイスする人もいます。しかし、現実はそう単純にはいきません。遊ぶ時間などまずありませんし、頼りになる大人でなければ担任は務まらない時代です。「子どもが好き」、「子どもの気持ちに寄り添って」などの情熱は、もっていて当たり前です。ただただハートフルなだけでは、子どもたちの目には「ユルい」と映ってしまいます。「若さ」への幻想を捨て、教師としての軸・枠・型を考えなければなりません。

❹は、すぐに習得できるものではありません。失敗を繰り返しながら身につけていくものだと思います。別の見方をすれば、地道に築き上げていかねばならないものでもあります。なぜなら、幅をもたせないと「自分の軸に固執する」、「自分の枠に当てはまらない人やものを嫌う」、「自分の型にはめようとする」といったことが起きうるからです。**❶**〜**❸**がどれだけしっかりしたものであったとしても、**❹**がゼロの状態だと**❶**〜**❸**の全てが上滑り・空回りの状態に陥ります。

特別支援教育の分野では、「枠・型」を「構造」と呼び、子どもが自ら理解して行動するために環境設定することを「構造化」と呼んで、実践を積み上げてきました。また、「幅」については、「子どもの実態を踏まえた指導」を大切にしてきました。通常学級の指導と特別支援教育の間に垣根はありません。これまでに蓄積された特別支援教育の知見を、ぜひ、普段の実践に役立てていただきたいと思っています。

POINT

> クラスが落ち着かない、トラブルの対応に追われているなどのクラスは、夏休み中に学級経営の課題点を見つめ直す必要がある。
>
> 教師としての「軸・枠・型・幅」の未形成は、子どもたちを混乱させ、クラスの荒れを引き起こすことが多い。これらを一刻も早く整理しておく必要がある。
>
> 通常学級の指導と特別支援教育に垣根はないことを理解する。

③ 支援の空回りを防ぐ

▶ 個別的な支援を続けると…

　クラスに、支援が必要なＡくんがいるとします。校内でのケース会議（「特別支援教育校内委員会」とよばれることもあります）などを経て、Ａくんへの個別の支援の方向性が明確になってきました。「Ａくんをもっとほめてあげたほうがよい」そんなアドバイスを受けて、今までの指導を反省しつつ、細かいことでもほめていくようにしました。

　ほめると確かにＡくんの行動に落ち着きが出てきました。こうして個別的な関わりにちょっとばかり自信がもてたころ、別の新たな課題に直面します。周囲の子どもたちのジェラシーです。注意すると、「どうしてＡくんはいいのに、オレたちばっかり叱られるわけ？」「なんでわたしだけ?!」と反発が大きくなります。

　こうなってしまうと、クラス全体が落ち着かなくなります。しっかりした子たちもつまらなくなって、心が離れていきます。誰かがほめられると、「あの子ばかりずるい」「オレは認めてもらえない」という気持ちを抱く子が増えていきます。誰かが叱られれば「ざま見ろ」「いい気味だ」と小声でつぶやく子が出てきます。

　人は、一人のときと集団になったときとで違う思考回路が働くものです。集団になると自分の言動に対する責任が薄れていくことが少なくありません。例えば、

「オレだけじゃないのに！」「アイツだってやっている」などの発言はそうした思考の表れです。これを「集団心理（群集心理）」とよびます。

　また、集団内には、気づかぬうちに、まるで伝染するかのように、多数意見になんとなく合わせなければならないような無言の圧迫感が広がることがあります。これを「同調圧力（ピア・プレッシャー）」といいます。

▶ 正義のいじめ

　こうした事実を理解しないまま、Aくんをほめるという個別的な支援を続けていくと、時に「正義の名のもとに行われるいじめ」が起きます。同調圧力が生まれるのは、基本的に圧力を放つ側が「自分たちこそ正しい」と信じているからです。「Aは、強く非難されてもしかたのない存在だ。先生が叱らないのであれば、オレたちが言動を正すのが当然だ」という気持ちでAくんに強く関わるようになるのです。Aくんの周囲は、当然のことながら正義の行動のつもりです。そこを叱れば、「先生はオレたち・わたしたちの気持ちを全くわかってくれない」となっていくであろうことは想像に難くありません。こんなに嫉妬が広がったクラスで「Aくんのことをわかってあげようね」などと共感を求めても、空回りするだけです。

　実は、通常学級での特別支援教育は、Aくんだけを考える支援ではいけないのです。周りの子どもたちが、先生の「在り方」をどう見ているかも含めて考えなければ成立しません。特定の子どもの支援よりも先に、子どもたち一人一人とコミュニケーションのパイプを築くことができているかを大切にしましょう。

支援が必要な子をほめることは決して間違っていないが、その子だけをほめると周囲の子どもたちが「あの子だけずるい」という気持ちを感じる。

「集団心理」や「同調圧力」についての理解がないまま、個別的な支援を続けていくと、時に、「正義の名のもとに行われるいじめ」につながることもある。

子どもたちは、先生の「在り方」を見ている。どうすればうまくいくかという「やり方」にこだわるのではなく、すべての子どもとの個々のパイプを築くようにする。

④ 「なんでオレだけ?!」に対する指導

　叱ると「なんでオレだけ?!」や「どうして自分ばっかり……?!」と不満を口にする子どもがいます。大人としては、目の前に叱らざるをえない状況が生じているからこそ叱るわけですが、子どものほうも「納得がいかない」という態度を示します。事態が硬直化してしまうことも少なくないようです。

　「叱られるようなことをしておきながら、その態度は何だ！」と声を荒らげてしまったという方もきっといることでしょう。この節では、そんな「なんでオレだけ?!」に対する指導を考えます。

　「なんでオレだけ?!」と反発されるような場面に直面すると、たいてい子どもの側に「自覚がない」とか「反省しようとしない」などの問題があるかのように思われがちです。しかし実際には、大人側にも「どうして自分ばかり……」と子どもに感じさせてしまっている〝何か〟があります。その〝何か〟は、以下のように整理できます。

▶「なんでオレだけ」「どうして自分ばかり」と子どもに感じさせる〝何か〟とは……

① 本当に、その子どものマイナス行動ばかりに目をつけてしまっている。

② 他の子どもの場合は許せることも、その子どもの場合には許せなくなっている。

③ 子どもに合わせようとするのではなく、大人の期待値を押し付けてしまっている。

④ その子の行動面のつまずきを理解しないまま、熱心に行動を直そうとしている。

⑤ 「信じられる・頼られる・慕われる・親しまれる・敬われる」のいずれかに欠けたところがある。

125

❶ 本当に、その子どものマイナス行動ばかりに
　　目をつけてしまってはいませんか?

　「この子さえいなければクラスは落ち着くのに……」という気持ちを抱いていると、どうしても子どものマイナス行動ばかりが気になってしまいます。知らず知らずのうちに、本当にその子ばかりを叱り続けているのかもしれません。「叱られ続けている」と子どもに感じさせてしまうと、その子はしだいにクラスの中で居場所がなくなり、居心地が悪くなります。そして、それ以前よりも「防衛・拒否・反撃」などの行動で居場所づくりをしようとします。こうした悪循環は早く断ち切る必要がありますから、大人のほうが気持ちを切り替えていかなければなりません。

❷ 他の子どもの場合は許せることも、
　　その子どもの場合には許せなくなってはいませんか?

　その子どもの過去の過ちを大人側が許せていなかったり、忘れていなかったりすると、こうした事態になりやすいようです。「そういえば、この前も……」など、過去を引き合いに出すような発言が思わず口をついて出てくるようなことがあれば、要注意です。

❸ 子どもに合わせようとするのではなく、
　　大人の期待値を押し付けてしまってはいませんか?

　子どもの変化は促成栽培のようにはいきません。むしろ、大人が期待するようには育たないということのほうが多いと思います。急いで子どもを変えようとして、焦っているようなことはないか、自分を見つめ直す必要があるかもしれません。

❹ その子の行動面のつまずきを理解しないまま、
　　熱心に行動を直そうとしてはいませんか?

　教育活動において「熱心」であることはとても大切なことだと思います。しかし、仮にその子に発達障害がある場合、無理解や誤解のまま熱心な指導を繰り返していると、かえって当事者である子どもの状態が悪化してしまうことが少なくありません。児童精神科の医師であった故・佐々木正美先生は、このような大人を「熱心な無理解者」とよんでいました。正しく理解することで、「なんでオレだけ?!」と感じさせる場面を減らしましょう。

❺「信じられる・頼られる・慕われる・親しまれる・敬われる」の
　いずれかに欠けたところはありませんか？

　子ども自身が「変わりたい」という意欲を抱くのは、教師に憧れを感じたとき
であると語る野口芳宏先生（植草学園大学名誉教授）は、教育の成立には「信・
敬・慕」の三つが不可欠であるといいます。

・学習者である子どもたちから信じられ、頼られるべく己を磨き続ける教師たる
　こと。
・子どもたちから敬われる姿勢を保つ教師たること。
・懐の大きさと謙虚な正直さで、親しまれ、慕われる教師たること。

　子どもたちは、そんな大人の姿をよく見ています。子どもを変えようとする前
に、大人自身が変わる……これこそがもっとも大切なことなのかもしれません。

▶ 具体的な対応例

　ここからは、「なんでオレだけ？！」への具体的な対応です。
　まず、学期初めなどの節目の時期に、全体指導でこのように伝えます。
　「先生は視野が広いので、クラス全体が見えます。ただ、口は一つの方向しか
向いていないので、その方向にいる子には、“自分だけを叱っている”ように感
じられるかもしれません。でも、特定の誰かだけを叱るということはありません」
　ただ、こう伝えてもやっぱり「なんでオレだけ?!」と言ってくる子どもはいる
はずです。そんなときには冷静にこう伝えます。

　「先生は、変われる見込みがある子にしか声をかけません」
　「あなたがいちばん見込みがあるから、最初に声をかけました」

　叱りつつも、「あなたには大きな可能性がある」ということを伝え、自尊感情
を高めてあげたいものです。

POINT

叱られるようなことをしているにも関わらず、「なんでオレだけ?!」と反発する子
どもの問題を突き詰めると、大人側にも見直すべきポイントが浮かび上がってくる。

子どもを変えようとする前に、大人が変わらなければならないことに目を向ける。

子どもの可能性を信じつつ叱るコツを知り、子どもの自尊感情を大切にする。

保護者の理解を得るために

　「保護者に子どものつまずきを理解してもらうには、どのように伝えるとよいですか」といった質問を受けることがあります。答えは一つです。面談を終えたときに「面談して本当によかった」と納得し、穏やかな表情で明日に向かえる勇気がもてる、そんな伝え方が望ましいと思います。

　ところが残念なことに、保護者を追い詰めたり、やり込めたりするような面談が後を絶ちません。例えば「こんなに大変な子は教師生活で初めてです」「こんなことでは将来困りますよ」「もっと手をかけてあげてください」などといった、その子の存在やそれまでの子育ての歴史を否定するようなメッセージを、保護者はどのように受け止めるでしょうか。「共に考える」という姿勢を欠いた教師の話に、保護者が心を開くことはありえるのでしょうか。

▶ 保護者への配慮

　理解を促したいという気持ちが前面に出すぎてしまうと、かえって保護者は気持ちを閉ざしてしまうものです。この節では、面談における配慮のポイントを整理します。

配慮 その1 「障害受容」という言葉を使わないようにする

　RKB毎日放送の神戸金史さんが、ご著書『障害を持つ息子へ　～息子よ。そのままで、いい。～』（ブックマン社）の中でこんなエピソードを紹介されていました。

> 何度も夢を見ました。
> 「お父さん、朝だよ、起きてよ」
> 長男が私を揺り起こしに来るのです。
> 「ほら、障害なんてなかったろ。心配しすぎなんだよ」
> 夢の中で、私は妻に話しかけます。
>
> そして目が覚めると、いつもの通りの朝なのです。
> 言葉のしゃべれない長男が、騒いでいます。

何と言っているのか、私には分かりません。

ああ。
またこんな夢を見てしまった。
ああ。
ごめんね。
（以上、引用）

　私たち教師は「あの親は障害の受容ができていない」などと平気で口にしてしまうところがありますが、実は、受容はそれほど簡単なことではありません。むしろ相当に困難な道のりなのだと理解しましょう。

配慮 その2 「うちでは困っていない」を尊重する

　面談の中で子どものつまずきを伝えても「うちでは困っていない」という答えが返ってくることがあります。

　私たち教師は「本当は困っているはずなのに」と決めつけてしまうところがありますが、実際には、家庭内で試行錯誤や工夫を繰り返して困らない状況を作りあげているのかもしれません。

　あるいは、深刻な「困り」の連鎖が立て続けに起きていて、「こんなことくらいで音を上げていられない」という強い気持ちが「困っていない」という言葉にすり替わってしまっているのかもしれません。まずは、困らないための家庭内の取り組みを丁寧に聞き取ることから始めてみましょう。

配慮 その3 医療・相談機関、心理検査をすぐに勧めない

　「医療機関や相談機関に行かせればなんとかなる」と勘違いしている学校関係者が少なくありません。なかには、自分の稚拙な指導を棚に上げ、「家庭や子どもに非があることを専門家に証明してもらおう」という考えをもつ人も実際にいます。そういったもくろみは、保護者に必ず伝わります。信頼関係なくして、特別支援教育は成立しません。

　心理検査も同様です。心理検査は、行動の背景要因を知りたいという気持ちに応える「謎解き」であり、支援のヒントを何とか見いだしたいという熱い心に応える「宝探し」のために行われるべきであると考えます。

配慮 その4 「徹底的な傾聴」と「いっしょに歩む覚悟」を大切にする

　我が子のつまずきを指摘された保護者が、そのつまずきと向き合い、適切な支援の必要性を理解し、子育てに前向きに取り組んでいこうという気持ちになるためには、信頼できる支援者の存在が不可欠です。

　保護者に理解させようとする前に、自らが指導者・支援者として信頼に足る存在であるかを見直すことから始める必要があります。まずは保護者の気持ちに徹底的に寄り添い、声にならないつらさにも耳を傾け、長期的にいっしょに歩んでいく覚悟をもちましょう。

　そこまでしても、もしかしたら保護者の信頼は得られないかもしれません。制度の申し込みなど、一度決まったことであっても、翌日には撤回されて裏切られたと思うこともあるかもしれません。それでも私たちは前向きに特別支援教育を「価値ある取り組み」として伝え続けていくことが大切だと思います。

POINT

「あの親は、障害を受容しない」などと気軽に言ってはいけない。

保護者に理解させようとする前に、自らが指導者・支援者として信頼に足る存在であるかを見直すことから始める必要がある。

面談の際には、保護者の気持ちに徹底的に寄り添い、声にならないつらさにも耳を傾け、長期的にいっしょに歩んでいく覚悟をもつことが大切である。

⑥ 「専門家」の言うことは 絶対ではない

　特別支援教育の制度の充実とともに、スクールカウンセラーや巡回指導のアドバイザー、専門家チームなどが教室に入る機会が増えました。いわゆる「特別支援教育の専門家」といわれる人たちです。私は、特別支援学校に所属する教員ですが、一方で、過去には地域支援や相談に応じる立場でもあったので、「特別支援教育の専門家」の一人ということになります。

　ところが実際には、全てのケースに100％うまくいく方法を提示できる専門家などいません。これまでの支援ケースや文献などと照らし合わせながら、仮説的に立てた支援プランを提示しているだけであることがほとんどです。それぞれに専門とする得意な領域、苦手な領域があり、オールマイティになんでもわかるという専門家は稀少です。

　ところが、専門家の意見となると、それをうのみにしてしまう人が教育現場には多すぎるように思います。

▶「専門家」の意見をしっかり見極めて

　専門家といっても、教師経験がない人の場合は、学校の制度や教育課程、職員室の事情などを知りません。また、発達支援の療育機関の関係者は、個別支援のプロかもしれませんが、「集団の中の個」として育てる視点をもちえない人もたくさんいます。

　なかには、現場では到底採用できないような無理難題的な支援プランを突き付ける専門家もいますし、理想ばかりで具体的な解決策を示せない専門家もいます。

　自分にしかできないやり方を伝え、「私の言うとおりにやらないからうまくいかないのだ」という批判で現場を混乱させる専門家がいるかと思えば、教育現場をただただ「上から目線」で非難する専門家までいます。

　私が知りえる中で最も劣悪だったのは、心理検査の数値を改ざんしている専門家です。「教育現場は何もわからないだろう」と甘く見られているのかもしれませんが、なかには検査結果の計算がデタラメだったり、具体的な数値すら示さずに「この子は〇〇の支援を望んでいます」など一方的な申し入れだけが示されていたりするケースが数例ありました。

大切なのは、真贋を見極める目をもつということです。

早期からの療育に取り組んできたご家庭は、学校よりも、医療機関や発達支援の療育機関の先生の言うことに重きを置いている場合があります。その先生方の全てが、学校現場に協力的な専門家ばかりとは限りません。「この子が望むとおり、好きにさせてあげなさい」といった強引な論理を突き付けられた保護者への対応に苦労することもあります。このような「専門家の意見に振り回されてしまう」という落とし穴には、十分に気をつけたいものです。

▶ 担任は「その子の専門家」

学校では、担任こそが「その子の専門家」でなければなりません。そして、特別支援教育の専門家とも対等で良好な連携・協力関係を築くべく、その子が教室で見せる事実から、子どものつまずきを理解する努力をすべきです。

本当に連携できる専門家というのは、同じ目的をもち、互いの立場の違いを尊重し合い、各々の役割を意識し、協力して物事を進めていける人であるはずです。私たち教育現場に立つ者は、その子の専門家であることにもっと自信をもち、同じ立場で現場を支えてくれる人の意見を採用すればよいと思います。

発達につまずきのある子どもへの対応は、年数が経てばうまくなるというものではありません。「若手だから……」という言葉を逃げ道にするのではなく、また「ベテランなのに……」と嘆くのでもなく、常に真摯に"その子の専門家"であろうと努力し続けることが大切なのではないかと思います。

POINT

「特別支援教育の専門家」といわれる人が学校現場に入る機会が増えているが、その全てが正しいアドバイスを伝えているとは限らない。

本当に連携できる専門家とは、同じ目的をもち、互いの立場の違いを尊重し合い、各々の役割を意識し、協力して物事を進めていける人である。

担任は「その子の専門家」としての自負をもち、教室で見せるその子の姿からつまずきを理解し、「特別支援教育の専門家」と対等で良好な協力関係を築こう。

7 問いをもち続け、当たり前を見直す

▶ ケーススタディは、子どもから学べるチャンス

事例を通して学ぶことを「ケーススタディ」といいます。この節では、事例の概要から紹介します。

▶ 対象児の概要

小学校中学年の男子、A君。じっとしていることが苦手。周囲から見れば些細なことでカッとなることも多く、教室では注意されることが多い。授業中は、ノートを取ろうとせず、科学・歴史などの本を読んで過ごしている。

知識量は多いが、発言を待てない姿がよく見られる。教師からの発問に対して挙手をせずに発言することが多く、注意されてしまう。挙手する場面もあるが、そこで指名しないとふてくされて、授業中にもかかわらず他児の文房具を取るなどの妨害行為を始めてしまう。

最近、クラスメイトから「ウザい」「しつこい」と言われるようになってきた。休み時間に遊びに誘ってもクラスメイトは応えてくれないため、「誰も自分をわかってくれない」と言うことが増えてきた。

このようなケースに対して、特別支援教育や心理学・カウンセリングなどの専門家といわれる人たちの多くは、これまでこう答えてきました。

例えば……

- ASD（自閉スペクトラム症）やADHD（注意欠如多動症）の疑いがあります。医療機関につなげていきましょう。
- スクールカウンセラーを活用し、A君の保護者に様子を丁寧に伝えましょう。
- 通級による指導を活用し、ソーシャルスキルトレーニングを始めましょう。
- 刺激となる掲示物を外すなど、教室環境を整備しましょう。
- 教育委員会の相談センターなどを活用し、心理検査を行い、情報を整理しましょう。
- 本人の能力や特性に合った個別のワークシートを作りましょう。
- クラス全体に、A君のことを理解してもらいましょう。

確かにどれも間違っていませんし、これらの支援を必要とする子どもも当然います。しかし、そこには重要な視点が欠けていると言わざるをえません。

▶ 特別支援教育に欠けがちな重要な視点とは

特別支援教育や心理学の領野で欠けがちな重要な視点とは、いったいどのようなことなのでしょうか。それは、「その子どもを変えようとする前に、授業を変えることはできないか」と問い直す視点です。

先に挙げたアドバイスやコメントは、どれも対象児だけに注目したものです。ところが、通常学級において、対象児だけを取り上げて支援を行うことは、かえって「支援の空回り」を招くことが多いのです（本書123ページ）。それどころか、クラスがよりいっそう落ち着かない状態に陥ることも少なくありません。

また、医療機関や相談支援機関につなげるにしても、つまずきの状態を家族・本人が受け入れるには時間がかかるものです。紹介した病院や相談センターに診察の予約を入れる必要があったり、「今はいっぱいだから数か月待ってください」と言われたりするなど、「支援の棚上げ」状態が続くことがあります。

さらに言えば、仮に、ASD（自閉スペクトラム症）やADHD（注意欠如多動症）などの診断が明らかになったとしても、もっとも長い時間を過ごす授業が変わらなければ、同じ状態が続くことは想像に難くありません。

そのため、まず「授業の在り方」に着目し、「本当にこの進め方でよかったのか」と問い直すことが大切だといえます。

▶ まずは、伝統的な「挙手―指名スタイル」を変えることから

このケーススタディでは、「対象児A君が叱責・注意されるような行動を繰り返している」という印象を受けます。しかし、立場を変えてみれば、「A君を叱らねばならないような授業スタイルを繰り返していること」が問題を悪化させていると見ることもできます。

そこで、叱責・注意の“原因”ともなってしまっている「挙手―指名スタイル」について、本当にこのスタイルがよいのかを問い直してみましょう。

教師が子どもに「わかる人？」「できる人？」などと問いかけて挙手を促し、教師の意図で指名するという方法は伝統的に取り組まれてきました。その一方で、以下のような問題点もあります。

「挙手―指名スタイル」の問題点

- いつ（または何番目に）指名されるのかわからないので、待てない。
- 「わかっているのに、指名されない」ことが多く、「悔しさばかりを感じる時間」という印象を抱いてしまう。
- 初めのうちは「手の挙げ方がよい子」をほめる教師の言葉を受け止め、それを守っていたが、指名されないことが続くと、諦めて手を挙げなくなる。それどころか、「大人は言ったことを守らない、裏切る存在だ」ということを誤学習してしまう。

- わからない子や「できない」と感じている子の場合、周囲の子どもたちが挙手する場面を見て、劣等意識を強くもつ。さらに、そうした時間は、教室の中で「居場所」を失ってしまい、考えることを放棄することにもつながる。

　A君の特性を考えると、上記のような問題点の全てに該当する可能性があります。やはり「挙手 ― 指名スタイル」を思い切って変えていく覚悟が必要です。

▶ 発言方法の「引き出し」を増やそう

　では、具体的にどのようにすれば、伝統的な「挙手―指名スタイル」以外の方法で発言（または意見の表出）を促せるのでしょうか。以下に、その具体策を列挙します。

① ノートなどを丸めて簡易メガホンを作り、「先生の耳だけに聞こえるように答えを言ってね」と伝える（こうすれば周りに答えが漏れずに済む）。

② 全員に起立させ、お互いに意見を言い合えたら座る（話したい気持ちの "ガス抜き" ができる）。

③ ②の後に「意見交換した相手の意見をみんなに伝えてくれる人？」と挙手させる（自分の意見ではなく、他者の意見を聞こうとする意欲につながる）。

④ わかっている人は「パー」、まだ理解できていないという人は「グー」を挙げ、グーの人がパーの人にききに行く。または、パーの人が伝えに行く（全体に向けて発言させるのではなく、対象を絞る）。

⑤ ④の後に、「グーを挙げていた人の中で、パーに変わることができた人？」と挙手を促す（クラス内での支え合いが成長につながることを実感させる）。

⑥ 挙手している人を全員立たせ、端から順に一文程度で答えを言わせる。同じ答えだったら、何も言わずに座らせる（座れば、発言したことと同じとみなす）。

⑦ 「このことについて、わかりやすい絵を書ける人？」「このことについて、動きで伝えられる人？」など、描画や動作に置き換える。

⑧ 「わかった人はノートに書きましょう」と伝え、一定時間（それほど長くない時間）が経過した後、全員を起立させて、他者のノートを見て回る活動を入れる（美術館の絵を見て回るような活動なので、「ギャラリーウォーク」という。本書10ページ）。

これらはほんの一例にすぎませんが、少なくともＡ君を叱らなければならないような場面は漸減または激減すると思います。

Ａ君に限らず、特別支援教育のケーススタディは、大人に「問いをもち続け、日々の当たり前を見直す」ことの大切さを教えてくれます。子どもに学び、子どもと共に育つ。そんな教師でありたいものです。

POINT

特別支援教育の専門家とよばれる人たちのアドバイスやコメントの中には、「心理検査を勧めましょう」とか「専門機関につなげましょう」などのような、「その子を変えるための支援」を伝えてくるものがある。これらは間違いではないが、その前にすべきことがある。それは、「授業の在り方」を見直すことである。

授業中に叱責や注意せざるをえない場面が多いときは、授業のやり方・進め方に問題がないか見つめ直す必要がある。もしかしたら、授業の在り方が子どものつまずきを助長しているかもしれない。その子に合わないやり方を繰り返していたのだとしたら、専門家のアドバイスも空回りしてしまう。

事例を通して学ぶことを「ケーススタディ」という。教師としての成長のためにも、子どもに学ぶという姿勢をもつことが大切である。

⑧ 引き継ぐ側の配慮、受け取る側の覚悟

▶ 引き継ぎ情報が生かされないことの背景にある三つの課題

　年度末になると、学校内では次年度に向けたさまざまな情報の引き継ぎに関することが話題になります。特別支援教育においても、支援を必要とする子どもの実態や指導上の留意点、そして具体的な支援内容などを丁寧に引き継ぐことが大切だとされています。

　ところが、「何をどのように伝えると読み手（受け取る側）に伝わりやすいか」という視点が明確でなければ、せっかくの情報があまり活用されない事態に陥ってしまいます。

　引き継ぎ情報が生かされないことの背景には、昨今の学校現場が見過ごしがちな三つの課題があります。

　第一は、「普段の職員室の会話や雰囲気」です。引き継ぎは、年度末の指定された時期に1回のみ行われて完結するものではなく、関係者間で繰り返されることで初めて機能するものです。つまり、普段からの情報のやり取りを意識的に習慣づける必要があり、こまめな情報交換を繰り返すことで、発信側と受信側のトレーニングができるといえます。ところが残念なことに、話題の中心が「今をどう乗り切るか」に偏りがちな雰囲気がある職員室では、先を見据えた継続的な議論があまりなされません。

　第二に、「書式への過度なこだわり」が挙げられます。とかく学校現場では、書式の統一についての要望が高く、「共通のものを用いてさえいれば書くべき内容の質も高く保たれる」と思われているところがあります。しかし、共通のものを用いることの本質は書式にこだわることにはなく、方向性を共有することにこそあります。

第三に、「引き継がれた情報をうのみにしたり、逆に軽視したりする傾向」を考えなければなりません。以前、ケース会議で「前任者や専門家に言われたとおりにしているのに、うまくいかない」と報告した教師がいました。うまくいかないのも当然です。引継ぎ情報は「100％の正解」ではなく、あくまでも前任者が示す目安であり、その通りにすることを目ざすものではないからです。また、その一方で「どうせ役に立たないから」と資料を読もうとすらしない残念な教師もいます。いずれにしても、引き継ぎ情報は「100％の答え」ではありません。過去の担当者が、その子とどのように関係づくりをしたかを語る歴史であり、そこから何かを学び取るノートとして、客観的な視点をもって受け止める必要があると思います。

▶ 実態は「人によって語られる」もの

　引き継ぎ資料は、それを書く側も読む側も、「実態は、人によって語られるものだ」ということを常に認識しておく必要があります。

　書き手（引き継ぐ側）の先生には、「伝えようとする情報にはどうしても主観が入り込んでしまうものだ」という意識をもつことが求められます。

　特に、日ごろから「私はこんなに困らされています」と訴える先生や関係者が語る個々の子どもの実態は、悲しいことに「悪行三昧」であることが多いものです。この場合、読み手（受け取る側）の先生からすると「前評判ほどではなかった」と感じられることでしょう。先入観で見てはいけないということになります。

　また、日ごろ「特に困っていません」と話す先生や関係者の多くは、その子のつまずきに気づけていなかったり、自分の失敗をさらしたくないという自己弁護的なプライドに影響されていたりする場合があります。１年間、そのつまずきが

放置されると、引き継ぎ資料の内容以上に問題が深刻化していることもあります。この場合、読み手からすると「事前に聞いてなかった！」と感じられるようなことが起きるかもしれません。時には、「はたして本当にそうなのだろうか」と疑って情報を受け止める覚悟も大切です。

▶ 読み手にとって役立つ情報とは

　活用される情報は、読み手の立場に立って書かれています。

　例えば、「○○できない」「○○することが難しい」など、「他者の手助けがあっても難しいこと」ばかりが羅列されていても、読み手には「どうすればよいか」が伝わりません。

　では、「一人で○○できる」などのように自分一人の力でできることを書くのはどうでしょうか。「現在の発達水準を伝えることができる」という一定の効果はありますが、読み手からすると、「見守ればよいこと」ばかりが羅列されていることになり、具体的にどのような配慮・支援が期待されているのかが伝わってきません。また、伝え方によっては「この程度しかできないの？」という印象を読み手に抱かせてしまうこともあります。

　読み手が最も求めているのは、「○○という支援があれば、この子は□□できる」という情報です。つまり、教師・関係者の手立てとその子の実態をセットにして伝えるということが大切だといえます。

POINT

年度末になると、支援を引き継ぐための資料を書く機会が多くなる。ただ、引き継ぎ情報が生かされないことも少なくない。その背景には三つの課題がある。

実態は「人によって語られるもの」である。伝える側は、常に主観的な判断が入り込むことを気に留めながら情報をまとめる必要がある。また、受け取る側は、すべてを鵜呑みにせずに、時に「果たして本当だろうか」と疑いながら読み解く必要がある。

受け取る側が最も求めているのは、「○○という支援があれば、この子は□□できる」という情報である。

おわりに

　希望と理想を胸に教職を選んだ先生たちが、いま、志半ばにして休職や
退職を余儀なくされているような状況を耳にします。学校は「ブラックな
職場だ」という見方が世間に広まった影響もあってか、教職を希望する人
の数自体が少なくなり、学校は慢性的な人不足という状況に陥っています。
そのような現状が抱える要因の一つとして、特別支援教育の難しさが取り
上げられることがしばしばあります。

　たしかに、発達につまずきのある子どもたちの中には、指導を繰り返し
てもなかなか望ましい方向に変化・成長しないことがあります。また、ほ
められることが少なかったり、学校や家庭でのグッドメモリー（良い思い
出・良い体験）が乏しかったりするため、人にかわいがられるスキルを持
ち合わせていない場合があります。そのため、彼らの言動は大人側に「こ
んなに一生懸命にやっているのに」とか「あの子にどれだけ振り回されて
きたか」といった気持ちを抱かせやすいようです。しかし、大人側に、つ
まずきの背景を読み解く知識や洞察があれば、彼らの姿はまた違った形に
目に映ります。本書との出会いが「あの子にもあの子なりの事情があった
んだなぁ」と思えるきっかけになれば嬉しいかぎりです。

　本書では40のテーマを取り上げていますが、その多くは「どうすればよ
いか」という方法論に留まるものではなく、「どういう教師としてその子
の前に立つか」という視点に踏み込んでいます。教師の関わり方には、そ
の教師の価値観が無意識に（ときに無自覚に）含まれてしまうものだから
です。いかに優れた効果的な手法であったとしても、その子の存在をぞん
ざいに扱うような言葉や態度を示す教師であれば、指導も支援も空回りし
ます。だからこそ、教師としての立ち位置を見つめ直すことが必要だと思
います。ただ、もしかしたらその色合いが濃く出過ぎてしまい、読者の皆
さんに「お説教」めいた表現になってしまっているかもしれません。連載
時には気づけていませんでしたが、こうして一冊の本になってみるとその
ことを痛感しました。子どもたちの視点に立てば…という気持ちで、本書
に対する「寛容度」も高めていただければ幸いです。

本書は、多くの皆様に支えられて刊行まで辿りつくことができました。最初に本書のもととなる連載のお話をくださったのは、当時、光村図書にご勤務されていた竹内千乃さんでした。竹内さんには、第1回から第36回までの3年間の連載を支えていただきました。第37回から担当して下さり、書籍化までの企画を実現してくださったのが同社の木塚崇さんでした。そして現在も連載は継続中で、金子実樹さんが担当してくださっています。続編も引き続き「みつむらweb magazine」で閲覧できるようにしていただいていますので、合わせてお読みいただけると嬉しく思います(https://www.mitsumura-tosho.co.jp/webmaga/index.html)。

　本書の内容の多くは、一般社団法人日本授業UD学会の先生方から得た知見をもとにしています。通常学級において、どの子も学びやすく「わかる・できる」を実現するための授業や学級づくりを目指す姿勢は、筆者にたくさんの示唆を与えてくれました。同学会理事長の桂聖先生、石塚謙二先生、廣瀬由美子先生、小貫悟先生、赤坂真二先生、阿部利彦先生、松久眞実先生、榎本辰紀先生、溝越勇太先生、髙橋達哉先生をはじめ、多くの先生方に通常学級における特別支援教育についての貴重なコメントをいただきました。

　また、子ども理解の奥深さを教えてくれたのは発達障害臨床研究会(通称・宇佐川研)です。故・宇佐川浩先生、会長の木村順先生、代表の植竹安彦先生をはじめ多くの先生方に実践についてのご指導をいただきました。この場をお借りして、あらためて感謝申し上げます。

　そして、読者の皆様へ。最後までお付き合いくださり、本当にありがとうございました。

2020年1月

川上康則

初出・参考文献

▼初出

「みつむらweb magazine」（光村図書出版）2016年5月〜2019年11月配信
https://www.mitsumura-tosho.co.jp/webmaga/tokubetsushien/detail00.html

▼参考文献

赤坂真二・堀 裕嗣 (2017)
　　　　　　　　『赤坂真二×堀 裕嗣　往復書簡　転換期を生きる教師の学びのカタチ』小学館

赤坂真二 (2018)　　　『最高の学級づくり パーフェクトガイド 指導力のある教師が知っていること』明治図書出版

明橋大二 (2018)　　　『HSC の子育てハッピーアドバイス　HSC= ひといちばい敏感な子』1万年堂出版

阿部利彦 (2014)　　　『通常学級のユニバーサルデザイン プラン Zero』東洋館出版社

阿部利彦監修，清水由・川上康則・小島哲夫編著 (2015)
　　　　　　　　『気になる子の体育 つまずき解決 BOOK　授業で生かせる実例 52』学研教育みらい

飯村友和 (2015)　　　「高学年女子の指導　こうすれば失敗する！」
　　　　　　　　（赤坂真二編著『思春期の子どもとつながる学級集団づくり』明治図書出版）

内山登紀夫監修，川上康則編 (2015)
　　　　　　　　『特別支援教育がわかる本 2　通常学級でできる発達障害のある子の学習支援』ミネルヴァ書房

宇野弘恵 (2018)　　　「思春期特有の心理に鑑みて叱り，丁寧にフォローする」
　　　　　　　　（『小六教育技術 2018 年 10 月号』小学館）

上戸えりな (2019)　　『HSP の教科書　HSP かな？と思ったら読む本』Clover 出版

川上康則 (2010)　　　『〈発達のつまずき〉から読み解く支援アプローチ』学苑社

川上康則 (2016)　　　『こんなときどうする？ ストーリーでわかる特別支援教育の実践』学研プラス

川上康則 (2016)　　　「特別支援学校：気になる子たちへの理解を促す個別面談」
　　　　　　　　（曽山和彦編著『「気になる子たち」理解教育のきほん―クラスみんなで学ぶ障害理解授業の進め方』
　　　　　　　　教育開発研究所）

川上康則 (2019)　　　「ライブ！ 職員室　みんなが学びやすい教室のつくり方　次年度への引継ぎで気をつけることは？」
　　　　　　　　（『授業力＆学級経営力 2019 年 3 月号』明治図書）

神戸金史 (2016)　　　『障害を持つ息子へ　〜息子よ。そのままで、いい。〜』ブックマン社

木村順 (2015)　　　　『実践家（教師・保育者・支援者）へのメッセージ 発達支援実践講座 支援ハウツーの編み出し方』学苑社

金 大竜 (2016)　　　　『一人ひとりの凸凹に寄り添う「気になる子」「苦しんでいる子」の育て方』小学館

坂本條樹 (2017)　　　『基礎脳力アップパズル　発達障害のある子の認知機能を高めよう！』学研プラス

杉山登志郎 (2007)　　『発達障害の子どもたち』講談社

苑田純子・高橋敦著, 高田明和監修 (2015)
　　　　『敏感すぎて困っている自分の対処法』きこ書房

多賀一郎 (2014)　　『学級担任のための「伝わる」話し方』明治図書出版

多賀一郎 (2014)　　『ヒドゥンカリキュラム入門　学級崩壊を防ぐ見えない教育力』明治図書

髙木まさき・森山卓郎監修, 青山由紀・岸田薫編 (2013)
　　　　『光村の国語　語彙を広げる！書いて，話して，伝わることば（全3巻）』光村教育図書

田中博史 (2018)　　『子どもと接するときにほんとうに大切なこと』キノブックス

俵原正仁 (2019)　　『「崩壊フラグ」を見抜け！必ずうまくいくクラスのつくり方』学陽書房

独立行政法人国立特別支援教育総合研究所 (2012)
　　　　「発達障害と情緒障害の関連と教育的支援に関する研究 ―二次的障害の予防的対応を考えるために―」

野口芳宏 (2013)　　『教師の心に響く55の名言』学陽書房

ピーター・ジョンストン著, 長田友紀・迎勝彦・吉田新一郎編訳 (2018)
　　　　『言葉を選ぶ，授業が変わる！』ミネルヴァ書房

藤川洋子 (2007)　　『なぜ特別支援教育か ―非行を通して見えるもの』日本標準

藤野博 (2009)　　「場の空気がよめない子」(阿部利彦編著『クラスで気になる子の支援　ズバッと解決ファイル』金子書房)

本田秀夫 (2013)　　『自閉症スペクトラム 10人に1人が抱える「生きづらさ」の正体』SBクリエイティブ

南恵介 (2017)　　『子どもの心をつかむ！指導技術　「ほめる」ポイント「叱る」ルール あるがままを「認める」心得』明治図書出版

南恵介 (2018)　　「叱る前提を考える　～『予告』『納得』『関係性』と『自己選択』が生命線～」
　　　　(『小六教育技術 2018年10月号』小学館)

山中伸之 (2012)　　『できる教師の叱り方・ほめ方の極意』学陽書房

山中伸之 (2015)　　『この一手が学級崩壊を防ぐ！今日からできる学級引き締め＆立て直し術』明治図書出版

2015年度版　光村図書　小学校『国語』教科書

子どもの心の受け止め方
発達につまずきのある子を伸ばすヒント

2020年3月6日　初版第1刷発行
2021年4月1日　第2刷発行

著　者	川上康則
発行者	吉田直樹
発行所	光村図書出版株式会社
	〒141-8675　東京都品川区上大崎2-19-9
	電話　03-3493-2111 (代表)
編集	株式会社エディポック
デザイン	株式会社エディポック＋柳田尚美(N/Y graphics)
カバー・本文イラスト	すみもととななみ
印刷・製本	株式会社シナノ

©Kawakami Yasunori 2020,Printed in Japan　ISBN978-4-8138-0267-9

定価はカバーに表示してあります。

落丁本・乱丁本は、お手数ですが小社までお送りください。送料小社負担にて
お取り替えさせていただきます。

本書の無断複製（コピー、スキャン、デジタル化）および配信は著作権法上の例
外を除き禁じられています。また、本書を代行業者などの第三者に依頼して複
製する行為は、たとえ個人や家庭内での使用でも著作権法違反です。